Mediunidade e evolução

MARTINS PERALVA

Mediunidade
e evolução

FEB

Copyright © 1979 *by*
FEDERAÇÃO ESPÍRITA BRASILEIRA – FEB

10a edição – Impressão pequenas tiragens – 7/2025

ISBN 978-85-7328-633-5

Todos os direitos reservados. Nenhuma parte desta publicação pode ser reproduzida, armazenada ou transmitida, total ou parcialmente, por quaisquer métodos ou processos, sem autorização do detentor do *copyright*.

FEDERAÇÃO ESPÍRITA BRASILEIRA – FEB
SGAN 603 – Conjunto F – Avenida L2 Norte
70830-106 – Brasília (DF) – Brasil
www.febeditora.com.br
editorial@febnet.org.br
+55 61 2101 6161

Pedidos de livros à FEB
Comercial
Tel.: (61) 2101 6161 – comercial@febnet.org.br

Adquirindo esta obra, você está colaborando com as ações de assistência e promoção social da FEB e com o Movimento Espírita na divulgação do Evangelho de Jesus à luz do Espiritismo.

Dados Internacionais de Catalogação na Publicação (CIP)
(Federação Espírita Brasileira – Biblioteca de Obras Raras)

P426m   Peralva, Martins, 1918–2007

         Mediunidade e evolução / Martins Peralva. – 10. ed. – Impressão pequenas tiragens – Brasília: FEB, 2025.

         180 p.; 21 cm – (Coleção Martins Peralva)

         ISBN 978-85-7328-633-5

         1. Mediunidade. 2. Espiritismo. I. Federação Espírita Brasileira. II. Título. III. Coleção.

                                             CDD 133.9
                                             CDU 133.7
                                             CDE 30.03.00

Sumário

	Mediunidade e evolução	7
1	Aspectos da mediunidade	9
2	Evangelho, Espiritismo e mediunidade	11
3	Eclosão mediúnica	15
4	O livro-base	19
5	Mediunidade vitoriosa	23
6	Kardec e a mediunidade	27
7	Estudar sempre	31
8	Progressão obsessional	35
9	Obsessão e cura	39
10	Autodesobsessão	41
11	Insucessos mediúnicos	45
12	Desastres espirituais	49
13	Escolhos da mediunidade	53
14	Guias espirituais	63
15	Prece	67
16	Benefícios da prece	69
17	Necessidade da prece	71
18	Assistência espiritual	73

19	Êxito mediúnico	75
20	Comunicações prematuras	81
21	Edificações	85
22	Identificação dos Espíritos	87
23	Percepção nos animais	91
24	Aqui e além	95
25	Oração e trabalho	99
26	Mediunidade	103
27	Mediunidade, amanhã	107
28	Mediunidade, no grande futuro	109
29	Elo de luz	111
30	Missionários	115
31	Materialização	119
32	Esclarecimento	123
33	Influências	127
34	Pensamento	131
35	Petições	135
36	Como pedir	139
37	Médiuns	143
38	Mediunidade nas crianças	147
39	Mediunidade e gentileza	151
40	Mediunidade e trabalho	155
41	Mediunidade e saúde	159
42	Mediunidade curadora	161
43	Mediunidade e conhecimento	163
44	Mediunidade e caridade	165
45	A médium do Céu	169
	Oração pelos médiuns	173

Mediunidade e evolução

Não se veja, neste livro, qualquer pretensão de orientar. De indicar caminhos. De traçar normas. De ensinar.

Pedimos aos companheiros que identifiquem, apenas, no *Mediunidade e evolução* um profundo desejo de colaboração evangélico-doutrinária junto aos que possuem, velados ou ostensivos, os tesouros mediúnicos.

A linguagem é acessível.

Os conceitos, vestidos na roupagem do desatavio literário.

As explicações, envoltas na moldura da singeleza.

Quanto ao conteúdo, procuramos conservar a mesma linha adotada nos livros anteriores — a linha do Evangelho do Cristo e da Codificação de Allan Kardec. Se o fizemos de maneira demasiado imperfeita, relevem-nos os amigos de ideal espírita-cristão. Esforço e boa vontade, dedicação e empenho não nos faltaram.

Colocamos o coração nas palavras para entregar à família espírita 45 capítulos de estudos simples, dedicados, especificamente, aos que se interessam pelos temas mediúnicos e aos que, na condição de medianeiros, asseguram, muita vez com sacrifício banhado por lágrimas, o intercâmbio entre o Mundo Espiritual e o plano físico.[1]

Com a alma alentada pelo ensejo de ofertar, mais uma vez, à comunidade espírita, a quem tanto devemos em compreensão e carinho, tolerância e caridade, este trabalho de amor e sentimento — o *Mediunidade e evolução* —, ajoelhamo-nos, em espírito, diante de Jesus, nosso Divino Mestre, para confiar-lhe ao coração amoroso e compassivo estas páginas despretensiosas, nas quais buscamos evidenciar que o mediunismo com Ele, Ismael, Allan Kardec e Emmanuel é a trilha de luz que nos facultará o acesso, pelas vias da evolução, aos páramos celestiais.

Libertando-nos e crescendo em amor e conhecimento, na sementeira da Mediunidade com o Evangelho e o Espiritismo, venceremos o homem velho, que ainda habita em nós, para ressurgirmos na indumentária do homem espiritualmente novo, capaz de entender a Deus e afeiçoar-se aos seus desígnios.

J. MARTINS PERALVA
Natal (RN), 1978.

---

[1] As frases e os conceitos de Emmanuel que motivaram as nossas explicações, na feitura dos capítulos, são do livro *Seara dos médiuns*, edição da FEB e psicografia de Francisco Cândido Xavier.

1
Aspectos da mediunidade

> *"Seja qual for o talento que te enriquece, busca primeiro o bem, na convicção de que o bem, a favor do próximo, é o bem irrepreensível que podemos fazer."*
>
> Emmanuel

No exercício da mediunidade, podemos considerar, entre outros, três aspectos essenciais.

A comunicação edificante, a atividade superficial e a conscientização profunda.

*

A comunicação edificante, com características renovadoras, sugerindo a conquista de valores sublimados, voltando-se para o bem de todos, no que toca ao amor e ao esclarecimento, envolve uma série de fatores que não podem deixar de ser levados em conta, sob pena de o medianeiro deparar-se, mais tarde, com funestas consequências.

Espírito de sacrifício.

Desinteresse material.

Esses fatores ajudam o médium no sentido de que o desempenho de seus compromissos corresponda à programação da Espiritualidade Maior.

*

Atividade mediúnica que se incline para a superficialidade, atendendo à curiosidade inócua, ao menosprezo ao bem ou à leviandade, em qualquer de suas modalidades, diverge dos valores eternos que formam a base da mediunidade.

*

A conscientização profunda orientar-se-á, invariavelmente, segundo os padrões evangélicos e doutrinários.

Teor construtivo, tendo em vista o amor e a sabedoria.

Esclarecimento geral, para que a comunidade se beneficie do conteúdo moral e intelectual das comunicações.

Disseminação da fé sincera e raciocinada.

Conceitos que elevem o sentimento, iluminem o coração e engrandeçam o raciocínio.

Formação de bases cristãs que santifiquem as relações entre as criaturas humanas.

Informes seguros e lógicos, sensatos e harmoniosos que revelem consenso com o Evangelho e o Espiritismo.

*

Como legatários dos tesouros mediúnicos, cabe-nos, sem dúvida, preservar a sua grandeza ante as perspectivas da Espiritualidade e da própria vida.

2
EVANGELHO, ESPIRITISMO E MEDIUNIDADE

"Força medianímica, desse modo, quanto acontece à capacidade visual, é dom que a vida outorga a todos."

EMMANUEL

Vale a pena alinhar definições.
"Todo aquele que sente em grau qualquer a influência dos Espíritos é, por esse fato, médium." (KARDEC)
"Pode dizer-se que todos são mais ou menos médiuns." (Kardec)
"Mediunidade, em boa sinonímia, é, sobretudo, sintonia, afinidade." (EMMANUEL)
"Os médiuns, em sua generalidade, são Espíritos que resgatam débitos do passado." (EMMANUEL)
"Mediunidade é talento comum a todos." (ANDRÉ LUIZ)
"O médium é alguém observado e aproveitado pelos Espíritos desencarnados com os quais se afina." (ANDRÉ LUIZ)
"Mediunidade no presente é débito do passado." (CÍCERO PEREIRA)

"Mediunidade é atributo peculiar ao psiquismo de todas as criaturas." (Efigênio Sales Vitor)

*

Mediunidade, pois, é meio de comunicação entre o mundo espiritual e o mundo físico.

Convivência e intercâmbio.

Desenvolvimento e aplicação das potencialidades divinas. "Vós sois deuses" — disse-o Jesus.

*

Sob o ponto de vista do mecanismo da comunicação, a mediunidade, em si mesma, não depende do fator moral.

Sob o ponto de vista da assistência espiritual, contudo, o fator moral é indispensável. Médiuns moralizados contam com o amparo de Espíritos Superiores.

Não confundamos médium moralizado com médium santificado.

O médium moralizado terá a vida de um homem de bem. Será humilde, sincero, paciente, perseverante, bondoso, estudioso, trabalhador, desinteressado.

*

O ensino de Jesus, aplicado à mediunidade, é claro: "Dai de graça o que de graça recebestes".

O médium interesseiro nas coisas materiais caminha na direção do abismo.

*

O exercício mediúnico deve ser realizado com amor. É missão sagrada no auxílio ao próximo, em nome de Jesus.

*

O Espiritismo oferece regras normativas para o bom exercício da mediunidade, tornando-a fonte de luz e esclarecimento.

Conhecimento doutrinário, que facilitará o exame das próprias comunicações.

Orientação da própria faculdade, para não caminhar sem rumo.

Dignificação da tarefa, para honrar a confiança da Espiritualidade.

*

Com as luzes da Doutrina Espírita o médium educar-se-á para vigiar as próprias comunicações e aplicar sua faculdade para o bem de todos.

*

As tarefas mediúnicas pedem assiduidade, pontualidade, fidelidade a Jesus e Kardec.

O conhecimento e a prática do Evangelho e da Doutrina dos Espíritos conscientizam o médium quanto à missão de amor suscitada pela oportunidade do intercâmbio com o plano espiritual.

*

Mediunismo sem Evangelho é fenômeno sem amor, dizem os amigos espirituais.

Mediunismo sem Doutrina Espírita é fenômeno sem esclarecimento.

Mediunismo com Espiritismo, mas sem Evangelho, é realização incompleta.

Mediunismo com Evangelho e sem Espiritismo é, também, realização incompleta.

Mediunismo com Evangelho e Espiritismo é penhor de vitória espiritual, de valorização dos talentos divinos.

Imprescindível, pois, a trilogia "Evangelho-Espiritismo-Mediunidade".

*

Os benfeitores espirituais estudam sempre, para se tornarem mais úteis no esclarecimento e no consolo.

Nós, encarnados, devemos também estudar e servir, a fim de que a mediunidade não seja fenômeno sem amor e sem esclarecimento, mas garantia de triunfo com Jesus e Kardec.

3
ECLOSÃO MEDIÚNICA

> *"Isso, entretanto, exige, antes de tudo, paciência e trabalho, responsabilidade e entendimento, atenção e suor."*
>
> EMMANUEL

O surgimento da faculdade mediúnica não depende de lugar, idade, condição social ou sexo.

Pode surgir na infância, adolescência ou juventude, na idade madura ou na velhice.

Pode revelar-se no Centro Espírita, em casa, em templos de quaisquer denominações religiosas, no materialista.

*

Os sintomas que anunciam a mediunidade variam ao infinito.

Reações emocionais insólitas.

Sensação de enfermidade, só aparente.

Calafrios e mal-estar.

Irritações estranhas.

Algumas vezes, aparece sem qualquer sintoma. Espontânea. Exuberante.

Um botão de rosa (a figura é de Emmanuel) que desabrocha para, no encanto e no perfume de uma rosa, embelezar a vida.

*

Desabrochando, naturalmente, a mediunidade é esse botão, tendo por jardineiro o Espiritismo, que cuidará de seu crescimento.

*

Paciência, perseverança, boa vontade, humildade, sinceridade, estudo e trabalho são fatores de extrema valia na educação mediúnica.

*

Ninguém sabe quanto tempo demorará o desenvolvimento.

A paciência ajuda a esperar. "Sede vós também pacientes, e fortalecei os vossos corações, pois a vinda do Senhor está próxima." *Epístola de Paulo a Tiago.*

*

Tudo no mundo, para crescer bem, pede perseverança. O conselho é de Jesus: "É na vossa perseverança que ganhareis as vossas almas".

Aquele que persevera é, ao mesmo tempo, pontual e assíduo, dotado de compreensão e responsabilidade.

E os Espíritos bons são sensíveis a isto.

*

Sem boa vontade, nada progride. Fica tudo na estaca zero.

Paulo de Tarso, escrevendo aos romanos, realça a boa vontade: "Irmãos, a boa vontade do meu coração e a minha súplica a Deus é a favor deles e para que sejam salvos".

A boa vontade deve acompanhar o irmão que iniciou o esforço de sua educação mediúnica.

*

Sem a humildade, o orgulho se apossa de nós.

Expande-se, e com a sua expansão sobrevém o fracasso, com o cortejo de suas consequências.

O Apóstolo dos Gentios, incentivando e orientando os cristãos de Éfeso, aconselha-os: "Rogo-vos, pois, eu, o prisioneiro no Senhor, que andeis de modo digno da vocação a que fostes chamados, com toda humildade e mansidão, com longanimidade, suportando-vos uns aos outros".

*

A sinceridade, na educação mediúnica, é fator imprescindível.

Tem a palavra, mais uma vez, o apóstolo Paulo: "Porque nós não estamos mercadejando a palavra de Deus, como tantos outros; antes, em Cristo é que falamos na presença de Deus, com sinceridade e da parte do próprio Deus". (*II Coríntios.*)

Os Espíritos não podem levar em boa conta o servidor insincero.

*

Estudo e trabalho formam a base para o desenvolvimento mediúnico, estruturando, com segurança, o processo educativo na alma e no coração do companheiro.

O médium que não estuda e não trabalha assemelha-se a uma embarcação, à deriva, no turbilhão oceânico.

"Espíritas! Amai-vos, este o primeiro ensinamento; instruí-vos, este o segundo." (O Espírito de Verdade.)

4
O LIVRO-BASE

> "Com muita propriedade, afirmou Allan Kardec que os Espíritos elevados se ligam de preferência aos que procuram instruir-se."
>
> EMMANUEL

O livro dos médiuns constitui a base do aprendizado espírita, no que toca, especificamente, ao problema mediúnico.

Evidentemente, a Espiritualidade Superior, com Emmanuel e André Luiz de modo especial, tem realizado, em nossos dias, notável trabalho de desenvolvimento de tudo quanto nele foi apresentado, por tratado experimental, assim como companheiros encarnados têm dado sua cota de participação acerca do palpitante tema "mediunidade".

Todavia, a exemplo do que acontece com os demais livros da Codificação Kardequiana, especialmente os que formam o "Pentateuco-Luz", *O livro dos médiuns* é obra indispensável nas instituições espíritas e junto aos irmãos encarregados de tarefas expositivas.

É, também, livro que não deve faltar à biblioteca do espírita.

*

Passam anos e gerações, mas *O livro dos médiuns* permanece sólido em sua estrutura granítica, podendo receber, é claro, através de livros psicografados por médiuns como Francisco Cândido Xavier, complementos à obra de Allan Kardec, maravilhosos subsídios que o opulentam cada vez mais.

*

Não devemos omitir-nos na palavra de incentivo ao estudo de *O livro dos médiuns*, certos de que os Espíritos elevados apreciam os companheiros estudiosos.

*

A obra kardequiana fortalece-se, consolida-se, engrandece-se continuamente, especialmente pelo que, em termos de mediunidade, dizem os Espíritos na atualidade, notadamente André Luiz.

*

Mediunidade, médiuns e fenômenos mediúnicos continuarão sendo, no curso do tempo, fonte para o estudo e a aplicação de quantos possam sentir, no intercâmbio entre o mundo físico e o espiritual, a grandeza de Deus e a misericórdia de Jesus.

*

Dignifiquemos, pois, o notável livro, a ele consagrando, com amor e veneração, não somente o mais profundo respeito, mas também a nossa atenção no sentido de estudá-lo e difundi-lo, compreendê-lo e fazê-lo presente nas tarefas específicas da mediunidade com o Senhor.

5
Mediunidade vitoriosa

"Se acompanhas os bons Espíritos que, em tudo e por tudo, se revelam companheiros fiéis do Cristo, deixarás para sempre as sombras da retaguarda e avançarás para Deus, sob a glória da luz."

Emmanuel

O comportamento de quem reencarna com obrigações definidas, no setor mediúnico, é objeto de preocupação dos Amigos da vida espiritual.

A destinação do médium é o trabalho, que deve ser realizado de modo completo.

*

Grande, no entanto, é o número dos que realizam, imperfeitamente, os compromissos.

Fogem ao serviço, sob alegações pueris.

Repudiam a faculdade, temerosos do sofrimento.

Negligenciam as tarefas.

Trabalham com má vontade.

Cultivam dúvidas infundadas.
Colherão, decerto, os efeitos da desídia ou da deserção.

*

Outros realizam incompleto o trabalho.
Menosprezam os dons mediúnicos, conferidos com vistas ao aperfeiçoamento.
Valorizam argumentos e opiniões de pessoas que não podem compreender a grandeza da tarefa mediúnica.
Revelam insegurança interior.
Cultivam caprichos individuais.
Dão importância excessiva ao problema das considerações públicas.
Tais companheiros realizam, parcialmente, o quadro de obrigações.

*

Entendemos existam, também, os que abraçam as tarefas sem identificar-lhes a grandeza e excelsitude.
Deturpam a função mediúnica.
Abraçam práticas estranhas ao pensamento doutrinário.
Atendem objetivos inferiores, dissociando o serviço de intercâmbio do imperativo evangélico.

*

Poucos, em verdade, realizam a mediunidade vitoriosa, com fidelidade a Jesus e Kardec, a todos servindo indistintamente, dedicando-se, séria e criteriosamente, aos nobres fins da mediunidade.

*

Os talentos divinos são atribuídos ao homem para que sejam aproveitados na obra de redenção humana.

As casas espíritas bem orientadas são o templo, o refúgio em que os valores medianímicos podem ser adequadamente incentivados, de maneira que o intercâmbio se faça, simples e evangelicamente, e o companheiro encarnado, portador do compromisso, não se faça inadimplente, acompanhando os bons Espíritos e se revelando "companheiros fiéis do Cristo".

*

As disposições do espírito humano, voltadas para o imediatismo, renovar-se-ão ao impulso das tarefas mediúnicas bem conduzidas, com a consequente valorização dos bens divinos, convertendo o medianeiro em instrumento e representante da mediunidade vitoriosa.

"Os companheiros fiéis são compensados com amor e justiça, seja onde for", assegura-nos o instrutor Alexandre.

6
Kardec e a mediunidade

> *"Mediunidade, assim, tanto quanto a visão física, representa, do ponto de vista moral, força neutra em si própria."*
>
> EMMANUEL

O Espiritismo não é obra de Allan Kardec. Sua denominação — "Doutrina Espírita" ou dos Espíritos — diz de sua origem, no plano espiritual.

Allan Kardec foi o sistematizador dos ensinos espíritas na Terra, convertendo-os em corpo de doutrina a que se dá, adequadamente, o nome de Codificação espírita ou Codificação kardequiana.

*

Os princípios doutrinários vieram até nós sob a égide de Jesus e orientação do Espírito de Verdade.

Ditaram-nos vários Espíritos, em diversos pontos do orbe e através de muitos médiuns, o que lhes dá características de universalidade, especialmente levando-se em conta a estatura moral e cultural dessa plêiade de Mensageiros de Jesus.

Kardec, mestre no sentido mais completo do vocábulo, organizou os ensinos, coordenando-os maravilhosamente. Transformou-os, com sabedoria, em opulento corpo de doutrina.

*

O interesse de Kardec pelo estudo das manifestações supranormais que eclodiam na América do Norte e Europa foi o ponto de partida do Espiritismo codificado.

Incrédulo a princípio, a ponto de escrupulizar em admitir que as mesas giravam no espaço e respondiam questões, Kardec condiciona sua aceitação à comprovação de que "tinham elas nervos para sentir e cérebro para pensar".

*

Realizou o mestre lionês, com critério e segurança, perseverantes estudos dos fenômenos mediúnicos — "força neutra sob o ponto de vista moral" — deduzindo consequências filosófico-religiosas profundas.

Enquanto muitos identificavam nas comunicações um objeto para lhes satisfazer a curiosidade, nos salões parisienses, a argúcia do missionário nelas observava o princípio de Leis Naturais que estabeleciam o traço de união entre os dois planos — o espiritual e o físico.

*

Estudando os fatos mediúnicos em todos os seus aspectos, Allan Kardec concluía pela existência do Espírito, sua comunicabilidade conosco através de criaturas sensitivas, os médiuns.

Assim, pela observação mediúnica, estavam dados os primeiros e definitivos passos para a Codificação do Espiritismo, que teria seu início com a publicação de *O Livro dos Espíritos* em 1857, em Paris.

*

O Espiritismo, como Doutrina Codificada, nasceu no terceiro quartel do século passado.[2] Sua fenomenologia, no entanto, nasceu com a própria Humanidade.

*

Através da mediunidade, que o conhecimento doutrinário orienta e dignifica, temos condições de ver, ouvir e confabular com os entes queridos que nos antecederam na grande viagem.

Léon Denis, um dos mais brilhantes filósofos e médiuns da França, dá ao Espiritismo a designação, feliz e inspirada, que não nos cansamos de repetir: "Doutrina que luariza de esperanças a noite de nossas vidas".

---
[2] O autor refere-se ao século XIX.

7
Estudar sempre

> *"Se abraçaste na Doutrina Espírita o roteiro da própria renovação, em toda parte és naturalmente chamado a fixar-lhe os ensinos."*
>
> Emmanuel

A maioria dos homens habituou-se a crer que médium só o é aquele que, em mesa específica de trabalhos mediúnicos, psicografa ou fala, ouve ou vê os Espíritos, alivia ou cura os enfermos.

*

O pensamento geral, erroneamente difundido além-fronteiras do Espiritismo, é de que médium somente o é aquele que dá passividade aos desencarnados, oferecendo-lhes a organização medianímica para a transmissão da palavra falada ou escrita.

Em verdade, porém, médiuns somos todos nós que registramos, consciente ou inconscientemente, ideias e sugestões dos Espíritos, externando-as, muita vez, como se fossem nossas.

*

Ao discutirmos tema elevado, em qualquer lugar e hora, somos, algumas vezes, intérpretes de Espíritos sérios, que de nós se aproximam atraídos pela seriedade da conversação.

Contrariamente, em momentos de invigilância vocabular, no trato com problemas humanos, atraímos Espíritos desajustados que, sintonizados conosco, nos fazem porta-voz de suas induções.

*

O aprimoramento moral contribui para que, na condição de médiuns, de receptores da Espiritualidade, afinizemo-nos com princípios elevados.

O estudo e a fixação do ensino espírita coloca-nos em condições de mais amplo discernimento da vida, dos homens e dos Espíritos.

*

A Doutrina Espírita possibilita a defesa do médium.
Resguarda-o contra processos obsessivos.
Equilibra-o no dia a dia da existência.

*

Estudar sempre

O conhecimento doutrinário beneficia aqueles que, em sessões mediúnicas, operam no intercâmbio, assim como aqueles que, sem se aperceberem, transmitem na conversação inspirações da esfera espiritual.

Estudar sempre dá segurança à caminhada.

8
Progressão obsessional

> *"Estendamos o serviço de socorro aos processos obsessivos de qualquer procedência, porque os princípios de Allan Kardec revivem os ensinamentos de Jesus, na antiga batalha da luz contra a sombra e do bem contra o mal."*
>
> Emmanuel

O estudo da obsessão é dos mais necessários no Espiritismo, dada a diversidade dos processos obsessivos.

De acordo com o pensamento de Allan Kardec, exposto em *O livro dos médiuns*, enriquecido pela opulência da literatura mediúnica específica de Francisco Cândido Xavier, a obsessão pode começar através de uma influenciação discreta, aparentemente simples, daí evoluindo para a fascinação.

O caminho a percorrer é sutil e longo, desenvolvendo-se para formas complexas e perigosas que podem chegar ao desequilíbrio total.

*

Fascinação é a ilusão produzida pela ação direta de Espírito moralmente inferiorizado, na escala evolutiva, mas lúcido e consciente, sobre o pensamento do médium, mais ou menos sensível.

A ação inteligente, habilmente conduzida, perturba o raciocínio da criatura.

Não aceita outra coisa senão aquilo que lhe vem à mente, com sutileza, com vistas a determinado objetivo visado pelo Espírito, geralmente de origem vingativa.

Todos percebem a fascinação, menos o fascinado.

Os valiosos antídotos da fascinação — leitura e prece, estudo e trabalho sério — são recusados.

*

A obsessão simples é outra etapa do processo de dominação elaborado pela entidade.

A criatura sofre a influência de entidades menos felizes, algumas desejosas de prejudicá-la.

E de outras, simplesmente pelo prazer de praticar o mal, qual ocorre no plano físico.

Tal vida, tal morte, já diziam os antigos.

*

De modo geral, a obsessão simples não tem raízes no pretérito. Pode surgir no presente, pela invigilância da pessoa — invigilância moral.

*

O obsidiado simples pode transformar-se em verdadeiro obsidiado e até num possesso.

Se não houver reação positiva, enquanto for tempo, nem assistência adequada, no tocante à renovação íntima, ao trabalho do bem, que assegurem mudança de comportamento, a obsessão evoluirá para formas mais graves, em contínua progressão para a possessão e a subjugação.

*

Ao domínio moral pode seguir-se o domínio corporal, produzindo a subjugação.

*

Possessão e subjugação caracterizam-se pelo inteiro controle do Espírito sobre o encarnado.

São casos difíceis, porque, tendo a criatura perdido, pouco a pouco, o poder de reação, a capacidade de antepor sua vontade à do obsessor, a cura exigirá maior esforço dos amigos espirituais e dos auxiliares encarnados.

Na possessão e na subjugação, os benfeitores têm de curar dois ou mais enfermos: o encarnado e/ou os desencarnados.

9
Obsessão e cura

"No exercício mediúnico, aceitemos o ato de servir por lição das mais altas na escola do mundo."
Emmanuel

O Espiritismo é, sem dúvida, a chave mestra na explicação e cura da obsessão.

Nele encontramos os recursos que neutralizam a ação perniciosa que tenta invadir-nos a casa mental.

Recursos consubstanciados na leitura edificante, no trabalho fraterno, no amor ao próximo.

No perdão sincero, no estudo consciente, na vida equilibrada.

No propósito de pôr em prática os princípios nobilitantes que extravasam do Evangelho e da Codificação espírita.

*

A ponderação de Emmanuel é expressiva, enfocando a necessidade de o medianeiro eleger o serviço ao próximo por norma de vida.

*

Algumas vezes, sem embargo de tantos recursos que lhe são oferecidos pela Doutrina Espírita, o obsidiado recusa-se a cooperar na própria cura.

Retarda-a, mantendo o obsessor nas teias das próprias criações mentais, com atitudes negativas.

Tristeza e lamentações que não têm fim.

Irritação ou cólera.

Maledicência e inconformação.

O obsessor maior, nesses casos, é o próprio encarnado.

*

A cura da obsessão é, sobretudo, um esforço conjunto: de quem está sob o jugo da entidade, esforçando-se por libertar-se desta, e dos companheiros incumbidos da tarefa mediúnica da desobsessão.

10
Autodesobsessão

"Se tens a consciência desperta, perante as necessidades da própria alma, entenderás facilmente que a mediunidade é recurso de trabalho como qualquer outro que se destine à edificação."

Emmanuel

As reuniões espíritas — evangélicas, doutrinárias e mediúnicas — cooperam, eficazmente, para a cura da obsessão, beneficiando perseguidos e perseguidores, vítimas e algozes.

Essa é uma das abençoadas tarefas do Espiritismo cristão: libertar irmãos invigilantes que caíram nas malhas difíceis da influenciação espiritual em seu aspecto negativo.

Um dos serviços mais nobres a que se dedicam, em toda parte, companheiros organizados em núcleos adequados de intercâmbio e assistência.

*

O irmão obsidiado pode, todavia, contribuir, e muito, para a sua própria cura.

Os recursos são imensos, bastando nos preparemos para utilizá-los sob o amparo generoso dos benfeitores espirituais.

Alinharemos alguns desses recursos.

Cultivo da prece.

Estudo e meditação.

Controle da vontade.

Trabalho material e espiritual.

São esses, segundo nos parece, os meios de que dispomos para o esforço de autodesobsessão.

*

Os benefícios da oração são infinitos, sendo oportuno recordar que a prece possibilita a sintonia com as forças do bem.

Proporciona o revigoramento das energias psicofísicas.

A prece é verdadeiro alimento espiritual.

*

O estudo e a meditação, conjugados, valem por exercício mental destinado a manter o nível das ideias superiores, indispensáveis em quaisquer processos de libertação espiritual.

O conhecimento haurido no estudo e a sedimentação de hábitos salutares formam a base de nossa defesa, o elemento propulsor de nossa caminhada consciente após o soerguimento.

Quem estuda, medita e melhora-se interiormente esclarece e beneficia a si mesmo e a quantos se lhe aproximam, no caso, especificamente, as entidades menos evoluídas.

*

É sumamente perigoso consentir que entidades desequilibradas instalem, em nossa mente, o gabinete de comando de suas ordens.

Essa associação é por demais inconveniente.

O controle da vontade impede o domínio de Espíritos perturbadores, interrompendo o fluxo do processo obsessivo.

*

O trabalho, material e espiritual, é a grande bênção de nossa vida.

Na mente ocupada não há lugar nem vez para sugestões inferiores, sejam do mundo espiritual ou de companheiros encarnados.

Ajudar, servir aos necessitados, cooperar nas obras assistenciais são valiosos antídotos à obsessão.

11
Insucessos mediúnicos

> *"Há inúmeros (médiuns) que se propõem instruir e escrever, falar e materializar, aliviar e consolar, em nome dos Mensageiros da Luz; entretanto, não passam da região do 'muito desejo'."*
>
> Emmanuel

Diversos motivos podem levar o médium a desertar da tarefa, contraindo, em consequência, graves responsabilidades.

Alinharemos, por oportuno, alguns deles.

A desconfiança dos encarnados pode, ferindo-lhe a suscetibilidade, fazê-lo abandonar a tarefa.

Pouca importância aos avisos e advertências de irmãos desencarnados.

A autodesconfiança, com excessivo receio de mistificações ou animismo, tem sido causa, também, para que medianeiros que podiam render bem, na gleba mediúnica, afastem-se em definitivo ou transitoriamente.

Refratariedade a conselhos ou críticas construtivas de companheiros mais prudentes e experimentados.

*

A deserção do serviço mediúnico significa fracasso na experiência reencarnatória, com seu cortejo de consequências dolorosas.

Sendo a mediunidade aqui na Terra, de modo geral, oportunidade de resgate e reabilitação, a deserção do labor de intercâmbio implica o não resgate de compromissos do passado.

Fugir à realização mediúnica traduz desperdício de oportunidade.

Agravamento de responsabilidades pelo que não construiu, em função do presente, e não reconstruiu, em face do passado, ante os deslizes perpetrados.

*

O portador de mediunidade que se aproxima das fontes do Evangelho e do Espiritismo encontra estímulo e força para continuar, superando lutas e obstáculos, dando curso, assim, à própria evolução.

Em Jesus, encontrará reconforto.

Em Kardec, discernimento doutrinário.

*

Há muitos recursos pelos quais a Espiritualidade, expressando compaixão por nós, convoca-nos ao trabalho espiritual ou mediúnico.

Sofrimentos físicos, com enfermidades em nós ou em nossos familiares.

Provas morais, que nos acordam para cogitações maiores no campo da vida.

Dificuldades com problemas de obsessão, em nós mesmos ou no círculo da consanguinidade.

Visitados por tais problemas, despertamos para o glorioso trabalho do intercâmbio.

*

Não apenas razões negativas nos chamam ao serviço mediúnico.

Raciocínios novos, em vista de leitura, meditação e aprimoramento interior, visitando-nos a mente, podem suscitar novos ideais, baseados na fraternidade espírita-cristã.

A compreensão, a certa altura da existência, da vacuidade das gratificações humanas, na esfera dos sentidos físicos ou psicológicos, conduz-nos, igualmente, à senda do espírito.

A simples eclosão mediúnica, com o desabrochamento da faculdade no tempo próprio, representa, em alguns casos, o início de florescentes atividades.

*

Sejam quais sejam as causas dos insucessos mediúnicos ou do despertamento para o trabalho, Evangelho e Espiritismo serão, sempre, em quaisquer circunstâncias, o real apoio para quem acordou e deseja caminhar com o Bem Infinito.

12
Desastres espirituais

> *"A faculdade mediúnica não pode, assim, responsabilizar-se pela atitude daqueles que a utilizam nos atos de ignorância e superstição, maldade e fanatismo."*
>
> Emmanuel

O desenvolvimento prematuro de faculdades mediúnicas, tentando forçar sua floração espontânea, é desaconselhável por todos os títulos.

O despreparo espiritual e doutrinário, evangélico e moral, pode ocasionar desastres imprevisíveis para a alma.

Em vez do desenvolvimento, precipitado, da mediunidade, outras medidas são aconselháveis.

O conhecimento doutrinário e evangélico.

A frequência a reuniões de estudo.

O engajamento em tarefas de assistência social.

*

Desastres espirituais, com reflexos na estrutura íntima da alma, prejudicam mais do que retrocessos financeiros.

O médium despreparado pode dar rumo infeliz à sua atividade, utilizando-a "nos atos de ignorância e superstição, maldade e fanatismo".

Exploração das entidades, impedindo-lhes a libertação.

Utilização da mediunidade para assuntos fúteis.

Comercialização da prática mediúnica.

*

O imperativo maior é a construção espiritual para quem renasce na Terra com recursos mediúnicos.

Os dons espirituais têm objetivos divinos.

Aquisição de virtudes.

Melhoria constante do sentimento.

Progresso sob o ponto de vista da cultura espiritual.

Os valores do Espírito, sobrepondo-se aos interesses mundanos, constituem defesa para a alma em qualquer tempo, situação e lugar.

*

Médium algum se perderá nas vielas do desequilíbrio se estabelecer para si mesmo um programa de renovação.

Exercício da renúncia.

Muita paciência ante as incompreensões que lhe surjam no caminho.

Capacidade de perdoar, por maior seja a ofensa.

Cultivo da esperança — "por divina claridade da certeza" — como diz Emmanuel, em meio aos obstáculos mais difíceis e ásperos.

*

O jugo é suave e o fardo é leve para o companheiro da mediunidade que se apoie no estudo, no trabalho, na oração constante, na humildade.

13
Escolhos da mediunidade

> *"Qualidade mediúnica é talento comum a todos. Mas exercer a mediunidade como força ativa no ministério do bem é fruto da experiência de quantos lhe esposam a obrigação, por senda de disciplina e trabalho, consagrando-se, dia a dia, a estudar e servir com ela."*
>
> Emmanuel

A mediunidade é o meio de que dispõem os Espíritos para suas comunicações com os encarnados.

Através dela, ocorrem fatos sublimes ou negativos, seja do ponto de vista fenomênico, no que tange à evidência e comprovação da imortalidade da alma e de sua comunicabilidade com os vivos do mundo físico, seja do ponto de vista intelectual, espiritual.

Todavia, pela mediunidade mal-iniciada, malconduzida, mal-orientada — mediunidade sem Jesus e sem Allan Kardec —, a serviço de humanos interesses, podem surgir consequências imprevisíveis.

São os escolhos da mediunidade.

Seus perigos.

Seus obstáculos.

*

PROBLEMA MORAL — Sob o ponto de vista técnico, de sua realização como fenômeno, a mediunidade independe do fator moral.

Há medianeiros evangelizados, como os há, em grande número, inteiramente infensos a qualquer programa superior, no que toca ao comportamento individual, bem como à aplicação de suas faculdades.

Contudo, sob o ponto de vista dos frutos, dos resultados, o fator moral é de profunda importância, isto porque os bons médiuns sintonizam com bons Espíritos, assim como servidores incorretos, irresponsáveis sintonizam com entidades do mesmo teor.

Médiuns sérios atraem Espíritos sérios; médiuns levianos atraem Espíritos levianos.

O ensino vem dos Espíritos Superiores.

Procede de Allan Kardec e Léon Denis, ou de Emmanuel e André Luiz, pela mediunidade abençoada de Francisco Cândido Xavier, que expendem, sobre o assunto, judiciosas considerações.

O medianeiro que se não ajusta aos princípios morais pode ser vitimado pela ação do Mundo Espiritual inferior.

*

ESGOTAMENTO FÍSICO-MENTAL — Um dos escolhos da mediunidade é a sua prática com o médium cansado, em decorrência de atividade desordenada, que sobre-excede sua capacidade física.

O esgotamento físico e/ou mental, antecâmara da estafa, de recuperação difícil, debilita as energias do medianeiro, podendo, dependendo de sua resistência moral, torná-lo vítima de Espíritos maldosos.

Tão logo perceba pronunciados sinais de fadiga, além da normal, deve o médium confiar-se a repouso e tratamento, por tempo adequado, para que o refazimento se faça.

*

EVOCAÇÕES — Allan Kardec adverte os espíritas para as evocações, porta aberta para que entidades desocupadas, zombeteiras e mistificadoras veiculem notícias espetaculosas, inverídicas, mirabolantes, que agradam aos curiosos.

Espíritos irresponsáveis adoram os evocadores, que lhes fomentam as investidas. Os evocadores constituem, em verdade, excelente plateia para os Espíritos menos elevados.

Ao contrário das evocações, um dos mais sérios escolhos da mediunidade, as comunicações espontâneas — convém acentuemos — são as mais belas, as mais convincentes, embora numas e noutras não devamos prescindir da vigilância aconselhada pelo Codificador.

*

INTERROGATÓRIOS — Na mediunidade exercida em harmonia com Jesus e Kardec, que nos ensinam o amor fraterno, o lema é SERVIR, com abstenção da curiosidade negativa.

Interrogatórios espirituais não são aceitos pelos Espíritos Superiores, credores do nosso respeito, nem pelos Espíritos sofredores, que se magoam.

O dirigente deve possuir tato para entender os Espíritos que se comunicam, oferecendo-lhes amor, tolerância e compreensão, mesmo em se tratando de entidades perturbadoras, que procuram fazer-se notadas ou se impor através de um linguajar colorido, ou de conceitos lisonjeiros.

O dirigente que se preocupa, excessivamente, em interrogar os Espíritos, à maneira dos cadastristas do mundo, pode, muita vez, ter diante de si um instrutor espiritual que não dispõe de tempo para submeter-se a interrogatório, em perquirição sistemática, inadequada.

*

FUTILIDADES — Que o campo mediúnico é inçado de perigos, de obstáculos, de dificuldades, de escolhos — todos nós o sabemos.

Dirigentes, médiuns e cooperadores que se preocupam com assuntos banais não devem esperar boas companhias, nem bons resultados. O semelhante atrai o seu semelhante. Quem semeia ventos colhe tempestade.

O serviço mediúnico, uma das coisas mais sérias do Espiritismo, não comporta irresponsabilidade, nem desrespeito, nem superficialidades.

DESARMONIA — Na condição atual do nosso mundo, de expiação e provas, é impossível organizar-se uma equipe mediúnica com pessoas perfeitas, sublimadas. A perfeição é, ainda, um objetivo a alcançar.

O que se alvitra, o que se preconiza é a formação de grupos mediúnicos integrados por irmãos que se estimem, que se entendam. Irmãos equilibrados e corretos em suas intenções, sem embargo das naturais deficiências humanas.

Um grupo harmônico, que trabalha com sinceridade, recebe amparo dos bons Espíritos, que lhe sustentam as energias interiores.

Vibrações antagônicas desfavorecem o trabalho mediúnico.

*

GRATUIDADE — Boa prática mediúnica é a que se realiza em função do Bem, com integral desinteresse pelas coisas materiais.

O "dai de graça o que de graça recebestes", do Evangelho de Jesus, deve acompanhar o médium em todos os instantes de sua existência, a fim de que Espíritos inferiorizados não se lhe ajustem ao campo psíquico, desorientando-lhe a mente, perturbando-lhe a atividade, conspurcando-lhe a consciência, em nefasta simbiose.

O exercício mediúnico tem que ser constante doação na vida do medianeiro, com integral desinteresse por qualquer tipo de recompensa.

*

TRABALHO ISOLADO — É desaconselhável o desempenho mediúnico isolado. Em reuniões domiciliares ou em recintos estranhos ao Centro Espírita.

Tarefas mediúnicas em residências oferecem perigo, podendo gerar processos obsessivos em seus moradores.[3]

Nos lares, recomenda-se, apenas, o culto do Evangelho no lar, com leituras, comentários e preces em favor de seus componentes e de pessoas alheias ao círculo familiar.

*

MÉDIUNS-DIRIGENTES — A pessoa que detém recursos mediúnicos de incorporação não deve presidir reuniões mediúnicas.

Agitações, tumultos, turbulências podem assinalar o clima de tais reuniões. Entidades desordeiras ocasionalmente podem assenhorear-se da organização do médium-dirigente, de maneira a estabelecer o pânico, a confusão, o temor.

A tarefa do médium é a que corresponde à sua própria condição: oferecer a sua faculdade aos que já transpuseram as fronteiras do túmulo. Ajudar a encarnados e desencarnados.

---

[3] N.E.: Sugerimos, a propósito desse ponto, como subsídio à orientação do interessado, a leitura do cap. 1 do livro *Diálogo com as sombras*, de Hermínio C. Miranda, FEB.

ANIMISMO — Um dos mais frequentes escolhos da mediunidade é o animismo, fenômeno pelo qual a pessoa "arroja ao passado os próprios sentimentos, de onde recolhe as impressões de que se vê possuído".

No fenômeno anímico "o médium se expressa como se ali estivesse, realmente, um Espírito a se comunicar".

O médium portador desse desajuste deve ser amparado, pacientemente, "com os recursos da caridade evangélica, podendo transformar-se em valioso companheiro".

*

MISTIFICAÇÕES — Não devemos confundir "mistificação" com "animismo".

Na primeira, temos a mentira; no segundo, o desajuste psíquico.

A responsabilidade pelas mistificações resulta mais da estrutura da equipe mediúnica do que das entidades que veiculam a mentira.

O conceito evangélico de que "quem busca acha" tem validade, também, na vivência mediúnica.

Mentes despreparadas, corações invigilantes, propósitos inferiores, insinceridade no trabalho cooperam nas ocorrências da mistificação.

Amor entre os companheiros mediunicamente consagrados ao socorro aos sofredores diminui as possibilidades de mistificação, preserva o agrupamento contra a investida dos desocupados da Espiritualidade, resguarda o medianeiro.

*

ENDEUSAMENTO DE MÉDIUNS — O endeusamento de médiuns é, sem dúvida, um dos mais funestos escolhos da mediunidade, o que maiores prejuízos causa ao médium, atingindo-o duramente a curto, médio ou longo prazo.

O espírita esclarecido é cauteloso nas referências ao companheiro da mediunidade, quando a boa palavra se faz necessária, em forma de estímulo e amparo.

Mais do que todos os escolhos, o endeusamento é o ópio dos médiuns, podendo fazê-los resvalar, inapelavelmente, nos desfiladeiros da vaidade, da presunção, do orgulho.

*

FALTA DE ESTUDO — A falta de estudo evangélico e doutrinário constitui sério escolho na prática mediúnica.

O médium deve ler, estudar, refletir, assimilar e viver, quanto lhe seja possível, as edificantes lições do Evangelho e do Espiritismo, a fim de que possa oferecer aos Espíritos comunicantes os elementos necessários a uma proveitosa comunicação.

O médium estudioso, além disso, é instrumento dócil, maleável, acessível. Tem, sempre, uma boa roupagem para vestir as ideias a ele transmitidas.

O que não estuda, nem se renova, cria dificuldades à transmissão da mensagem, favorecendo a desconexão.

*

AUSÊNCIA DE TRABALHO — A ausência de trabalho é, realmente, um grave escolho da mediunidade, isto porque a ferramenta mediúnica exige utilização constante, ação contínua, não somente pela necessidade de aprimoramento das antenas psíquicas, como também pelo imperativo da conquista do sentimento do amor.

O trabalho assegura assistência espiritual superior, protege o médium contra o assédio e o domínio de entidades menos felizes, constrói preciosas amizades nos planos físico e subjetivo.

Harmonia fluídica, amor e confiança, destreza psíquica e apuro vibracional representam o somatório da atividade mediúnica exercida na disciplina do trabalho.

*

EDUCAÇÃO MEDIÚNICA — A educação mediúnica, por sinônimo de "desenvolvimento mediúnico", deve ser iniciada no devido tempo, na época apropriada, isto é, ao se verificar a espontânea eclosão da faculdade.

Não devemos "querer" o desenvolvimento mediúnico, mas "amparar" a faculdade que surge pelo estudo e pelo trabalho, pela oração e pela prática do Bem.

Forçar a eclosão da mediunidade ou o seu desenvolvimento significa abrir as portas do animismo, com sérios inconvenientes para o equilíbrio, a segurança e a produtividade do medianeiro.

Outrossim, é antidoutrinário induzir o médium, ostensiva ou veladamente, a oferecer passividade a tal ou tal Espírito.

A mente do companheiro, iniciante ou já afeito ao intercâmbio, deve permanecer livre como o pensamento e clara como um regato, a fim de que a filtragem mediúnica não se condicione, nem se subordine, inteiramente, à interferência do médium.

A educação mediúnica deve ser, em qualquer circunstância, espontânea. Natural. Suave.

Sem qualquer tipo de violência, externa ou interna.

14
GUIAS ESPIRITUAIS

> *"Agradece, pois, o carinho dos Espíritos generosos, encarnados ou desencarnados, que te amparam a experiência, aplicando-te às lições de que são mensageiros."*
>
> EMMANUEL

O tema "guias espirituais" é bastante sugestivo e merece considerações especiais.

O que se escreva ou se fale no sentido do esclarecimento adequado do assunto parece-nos louvável e oportuno, eis que envolve a sua conceituação aspectos essenciais do Evangelho e do Espiritismo.

*

— Que é um guia espiritual?

Um Espírito elevado que, representando a Misericórdia Divina, ampara-nos e orienta-nos para a Luz.

Formulemos outra questão a fim de colocar o problema em termos bem compreensíveis:

— Que espécie de amparo e orientação podem nos dispensar os guias espirituais?

Sugerem-nos bons pensamentos.

Consolam-nos em nossas aflições.

Influenciam, beneficamente, nossos pensamentos, atos e palavras.

Inspiram-nos sempre para que façamos do Bem nosso permanente objetivo.

*

Os guias espirituais, por sua elevação e nobreza, não ficam conosco durante todo o tempo.

Não podem ficar à nossa disposição minuto a minuto, porque embaraçaria nosso progresso, que se faz na base do esforço pessoal, da aquisição de sentimentos puros e de cultura nobre.

*

Todos nós temos guias espirituais: católicos, protestantes, budistas, espíritas etc.

O que varia é a denominação que as diversas confissões religiosas dão a esses abnegados benfeitores.

Emmanuel, em expressiva mensagem, diz que:

"A mesma bondade infinita que nos socorre nos santuários espírita-cristãos, é a mesma que se expressa nos templos de outra feição interpretativa da Divina Ideia de Deus".

*

Confiemos na proteção desses benfeitores, nas experiências que o cenário humano nos reserva, empenhando, diuturnamente, esforço e boa vontade no sentido de que eles, os amigos espirituais, nos reajustem efetivamente nos deslizes que decorrem de nossas fraquezas milenares.

Considerando, todavia, que uma coisa é nos prestarem auxílio na prova difícil, e outra coisa é nos carregarem aos ombros, fazendo aquilo que pertence, exclusivamente, à nossa iniciativa e faz parte de indeclináveis deveres, habituemo-nos a respeitar, nos orientadores de Mais Alto, os representantes de Jesus, aplicando-nos "às lições de que são mensageiros".

*

Guias espirituais são irmãos nossos, que se engrandeceram e se iluminaram em lutas edificantes.

Amá-los e respeitá-los, portanto, constitui inalienável dever de todos nós.

15
Prece

"E, através da oração, a Bênção divina te fará perceber onde guardas também contigo a brecha triste do lado fraco."

Emmanuel

Rezar é um ato natural.

Todas as sociedades, mesmo as primitivas, adoram, louvam, pedem e agradecem a Deus segundo seu entendimento e suas práticas.

*

A prece sem obras é morta em si mesma, adverte o Apóstolo, o que nos leva a entender que devemos transubstanciar as energias hauridas na oração em recursos de auxílio aos nossos semelhantes.

*

A prece, no momento em que nos recolhemos, à noite, para o refazimento orgânico, além de significar oportunidade para agradecermos as bênçãos recebidas no transcurso do dia, prepara também o Espírito para ingressar, pelo sono, no mundo espiritual.

*

Pela manhã, agradeçamos a Deus os benefícios recebidos durante a emancipação da alma, mas roguemos, simultaneamente, compreensão e forças para o novo dia de luta.

Peçamos, sobretudo, coragem e disposição para que façamos o melhor, no novo dia, em harmonia com o que temos recebido de Jesus, por seu Evangelho, de Allan Kardec, pela Codificação espírita, e dos mentores espirituais, pelo muito que nos dão através do sono e pelas vias mediúnicas.

*

Não será demais repetir: O pão é o alimento do corpo e a prece é o alimento da alma.

*

A oração pelos enfermos, conforme lembra Emmanuel, é verdadeira bênção de fortalecimento e reconforto, paz e equilíbrio.

16
Benefícios da prece

"A fé é a divina claridade da certeza."
Emmanuel

A contínua ligação da mente e do coração com as coisas sublimes e a prática das boas obras podem ser consideradas uma prece, assim como o trabalho nobilitante.

*

Por meio da prece, percebida e atendida pelos mensageiros do Cristo, segundo os desígnios divinos, podemos adquirir ou aumentar a nossa fé, quanto a existência da fé, no coração humano, leva-o a orar, confiante, quando se faz necessário.

*

A prece não nos isenta das provas, mas dá-nos forças para suportá-las.
Emmanuel, o querido instrutor, assevera, em *O consolador*:

A prece não poderá afastar os dissabores e as lições proveitosas da amargura, constantes do mapa de serviços que cada Espírito deve prestar na sua tarefa terrena, mas deve ser cultivada no íntimo, como a luz que se acende para o caminho tenebroso, ou mantida no coração como o alimento indispensável que se prepara, de modo a satisfazer à necessidade própria, na jornada longa e difícil, porquanto a oração sincera estabelece a vigilância e constitui o maior fator de resistência moral, no centro das provações mais escabrosas e mais rudes.[4]

A prece-sentimento chega aos benfeitores espirituais pela força do pensamento, sendo captada em regiões ou esferas em que emissários divinos registram e selecionam apelos que partem da face sombria da Terra.

*

A prece que alcança o Espírito a quem é dirigida pode ser classificada como "prece direta".

A que é endereçada a determinado Espírito, mas, ricocheteando, toma outro rumo, na imensidão espacial, chama-se "prece refratada".

Ouçamos o benfeitor Clarêncio, no livro *Entre a Terra e o Céu*, psicografado por Francisco Cândido Xavier:

"A prece refratada é aquela cujo impulso luminoso teve a sua direção desviada, passando a outro objetivo".

---

[4] Nota do autor: *O consolador*, q.245, FEB.

17
Necessidade da prece

> *"A prece é um ato de adoração. Orar a Deus é pensar nele; é aproximar-se dele; é pôr-se em comunicação com Ele. A três coisas podemos propor-nos por meio da prece: louvar, pedir, agradecer."*[5]
>
> Allan Kardec

Entendemos, com o sábio parecer das luminosas entidades, ser a prece um ato de íntima e profunda comunhão com Deus, nosso Criador e Pai. Não terá valor simplesmente pela forma verbal, mais ou menos aprimorada, mas pelo sentimento, pela sinceridade, fervor e pureza.

*

A prece pode ser individual ou coletiva, em favor dos encarnados ou desencarnados, em nossos lares ou nos núcleos mediúnicos.

Podemos e devemos, inclusive, orar em favor de nós mesmos.

---

[5] Nota do autor: *O livro dos espíritos*, 3ª pt., cap. 2, q. 669, FEB.

As vibrações da prece de almas agradecidas chegam aos Espíritos Superiores em forma de mensagem de gratidão de nossas almas.

Aos Espíritos infelizes chegam em forma de consolo, reconforto e paz.

*

Se não conseguirmos manter firme o pensamento, durante a prece, tumultuando-o por efeito de nossa insegurança interior, ou de circunstâncias ambientes, inclusive de natureza espiritual, pela interferência ou assédio de entidades perturbadoras, oremos em voz alta, o que facilitará nossa comunhão com o Mundo Espiritual Superior.

*

Os efeitos da prece se fazem sentir pela renovação do nosso bom ânimo.

Pelo fortalecimento que invade o nosso ser.

Pelas transformações que se operam em acontecimentos que tumultuavam nossa existência.

18
Assistência espiritual

> *"Em qualquer estudo da mediunidade, não podemos esquecer que o pensamento vige na base de todos os fenômenos de sintonia na esfera da alma."*
>
> Emmanuel

Não é demais lembrar a advertência de Paulo, o Apóstolo dos Gentios, de que vivemos cercados por "nuvens de testemunhas".

O ensino não deixa dúvidas: em torno de nós vivem e convivem milhares de Espíritos de todos os matizes.

*

Estamos sempre acompanhados e este acompanhamento tem relação com o problema moral.

Se formos bons e espiritualizados, teremos, invariavelmente, a companhia de entidades da mesma natureza.

*

O médium bem assistido tem condições de produzir mais.
De transmitir boas mensagens.

Os bons Espíritos procuram, para comunicações, os bons instrumentos.

Os grandes artistas manejam peças adequadas para as maravilhosas criações do Belo.

*

Boas qualidades atraem bons Espíritos.
Más qualidades atraem entidades menos felizes.

*

O médium bem acompanhado dificilmente fracassa.

O uso da mediunidade pelo médium bem assistido é penhor de segurança e triunfo no intercâmbio entre os dois planos.

*

O médium descuidado de sua preparação interior está mais sujeito a claudicar.

A assistência inferior induz ao mau uso da faculdade mediúnica.

19
ÊXITO MEDIÚNICO

*"Não é a mediunidade que te distingue.
É aquilo que fazes dela."*

EMMANUEL

Numerosas qualidades sustentam companheiro da mediunidade.

Mas uma das mais importantes é a forma como a conduz.

*

Educação mediúnica, por exemplo, pede tempo e trabalho, estudo e abnegação.

Não acontece de um dia para outro.

Médium inquieto, apressado em transmitir boas comunicações, antes do necessário preparo, é candidato, em potencial, ao desequilíbrio.

Emmanuel explica, também, além do conceito com que abrimos este capítulo, que a mediunidade é como um botão de rosa, que não desabrocha, que não se converte em rosa antes do tempo.

Botão violentado, pétalas despedaçadas — resultado lógico: nem o botão, nem a rosa.

*

Um dos imperativos para o irmão que sente a eclosão mediúnica é o estudo.

Com Jesus, no Evangelho; com Kardec, na Codificação Espírita.

Aquele que não trilhar essa linha de orientação não sabe onde vai parar, sob o ponto de vista da mediunidade.

*

Em Jesus, encontramos as luzes eternas do amor, concitando-nos a servir e passar, amar, desculpando, ajudar e seguir em frente.

Em Kardec, temos a chave do conhecimento, dilatando as possibilidades de ver, observar, discernir, orientar-nos.

*

A sentença é do Cristo: "Aquele que perseverar até o fim será salvo".

A constância, na atividade mediúnica, é fator de suma relevância.

Médium inconstante, volúvel, saltitante, ora aqui, ora acolá, semanas no trabalho, meses na ociosidade, não inspira confiança nem aos mentores espirituais, nem aos companheiros de tarefa.

Os obreiros do Senhor necessitam de instrumentos firmes, abnegados, valorosos na fé, perseverantes, sem embargo das limitações comuns a todos nós, mas esforçados em sua remoção.

*

O médium disciplinado obterá ótimos frutos em sua tarefa.
Lugar e hora certos para o trabalho.
Assiduidade e pontualidade.
Respeito à Codificação e apreço aos instrutores espirituais.

*

Constitui qualidade essencial, nas tarefas, a boa vontade.
O médium que não a tem torna o trabalho vazio. Inseguro. Sem objetivo.

*

A mediunidade, via de regra, é oportunidade para o resgate do passado, com a consequente correção das próprias deficiências.
Erros e desajustes, débitos e gravames remotos são facilmente equacionáveis no serviço ao próximo.
Mediunidade, em síntese, é obra de reabilitação.

*

O médium prudente analisa, examina sugestões dos companheiros encarnados, aceitando-as, se justas e sensatas.

O médium vaidoso comporta-se como dono da verdade. Recusa, sistematicamente, advertências e conselhos.

*

A discrição é fator básico para o êxito mediúnico.

Conhecer problemas, pela mediunidade ou por relatos íntimos, confidenciais, e revelá-los é falta de caridade.

*

Vários são os tipos de mediunidade, conforme se vê em *O livro dos médiuns*, mas este livro não tem a finalidade de enumerá-los.

Paulo, na *Primeira epístola aos coríntios*, afirma que "os dons são diversos, mas o Espírito é o mesmo".

Na variedade de dons espirituais, identificamos a sabedoria de Deus.

Cada um recebe segundo as próprias possibilidades e necessidades.

*

ÊXITO MEDIÚNICO

A Terra oferece vasto campo para o serviço mediúnico.

Em qualquer lugar e hora, pela assimilação de ondas mentais superiores, podemos ajudar alguém.

A mediunidade, por luz divina, é o traço de união entre Deus e o homem.

Que não esqueçamos, no entanto, a advertência de Emmanuel, tendo cuidado naquilo que fazemos dela.

20
Comunicações prematuras

> *"Hoje, porém, com a mediunidade esclarecida, é fácil aliviá-los e socorrê-los."*
>
> Emmanuel

O primeiro desejo de quem perde, no plano material, um ente querido é, naturalmente, no sentido de ouvir-lhe a palavra amiga, pela via mediúnica.

Saber onde está, como se encontra.

Conhecer-lhe as notícias, sentir-lhe as emoções.

Amenizar a saudade pungente.

Entendemos justo e compreensível o anseio de quem ficou, imerso em lágrimas, vendo partir para outra dimensão da vida o ser amado.

A mensagem de quem se foi representa esperança e conforto.

*

Os amigos esclarecidos conhecem, no entanto, as dificuldades e inconvenientes de uma comunicação prematura, com o desencarnado amparado no processo de refazimento psíquico e de recomposição emocional.

Em fase de transição, não tem o novo habitante do Espaço, na maioria dos casos, condições de retornar, de pronto, ao convívio dos seus.

Só a alma renovada pode enfrentar, além da desencarnação, as vibrações e a emocionalidade dos que lhe pranteiam a partida.

*

Os benfeitores conhecem as causas que desaconselham o comunicado com a urgência desejada, às vezes até pelo próprio desencarnado.

A intranquilidade dos familiares, vergastados pela saudade cruciante, projeta dardos mentais de angústia e desespero que atingem, em consecutivo bombardeio, a organização perispiritual do recém-desencarnado, ferindo-lhe as fibras sensíveis do coração.

É por isso que, geralmente, retardam-se as comunicações dos novatos da Espiritualidade.

*

Há grande diferença entre as leis vibratórias do plano espiritual e as do plano material.

Em decorrência dessa diversidade, ou distonia, a comunicação prematura, causando no recém-desencarnado choques vibratórios violentos, é sempre protelada pelos amigos espirituais.

Poderia, o encontro precipitado, prejudicar o esforço de recuperação empreendido pelos samaritanos do bem.

Liberada do corpo físico, torna-se a alma mais sensível a emoções, a pensamentos.

*

A emoção causada pela volta ao convívio familiar, a visão das almas queridas poderão perturbar aquele que ainda não adquiriu, ausente da roupagem física, clareza de raciocínio, coordenação perfeita das ideias, segurança íntima.

*

Outro detalhe: a posição mental do médium pode transtornar o comunicante ainda não suficientemente adestrado no mister do intercâmbio.

A instabilidade do medianeiro pode, assim, desajudá-lo, ao invés de ajudá-lo.

*

Eles, os benfeitores espirituais, sabem o que fazem.

Retardam, quando preciso, por algum tempo, ou apressam o comparecimento do desencarnado aos trabalhos mediúnicos.

*

O médium educado, sereno, de campo psíquico harmonioso, manterá o comunicante, dominado pela emoção, em razoável nível de serenidade e equilíbrio.

*

Conscientizados de que nem sempre nossos desejos compatibilizam-se com a programação da Espiritualidade, auxiliemos os entes que partiram com as nossas preces, até que a Sabedoria de Deus os ponha em contato conosco pela bênção da mediunidade esclarecida.

21
EDIFICAÇÕES

"Na aquisição do conhecimento superior, não acredites que o deslumbramento substitua o trabalho."

EMMANUEL

As edificações humanas guardam relação, em sua planificação original, com as construções de ordem espiritual, realizadas na esfera da mediunidade.

Umas e outras são programadas, cuidadosamente, para que se afirmem a segurança e a beleza.

A garantia da solidez e do equilíbrio.

A firmeza estrutural e a harmonia do conjunto.

O acabamento primoroso.

Tais obras, bem concluídas e admiradas, falam da técnica do engenheiro e da dedicação e competência dos operários, enobrecendo a arte pelo trabalho.

*

Nas edificações espirituais, ligadas à área mediúnica, outros requisitos são exigidos.

Disciplina e confiança em Deus.
Constância na execução das tarefas.
Aquisição, continuada, de novos conhecimentos.
Esforço demanda tempo, realização não se improvisa.

O obreiro da mediunidade não deve almejar realizações superiores de um dia para outro, nem fenômenos que deslumbrem e encantem.

Ninguém alcança os fins sem atender ao imperativo dos princípios.

*

É fundamental educar a alma, corrigir a mente, para que o coração se esclareça.

*

A realização íntima, ponto de partida para o trabalho maior, que é insubstituível, não se concretiza simplesmente com boa vontade, nem promessas, mas com ação no bem, estudo nobre, reforma dos sentimentos.

Com a evolução, os serviços mediúnicos pertencerão, no futuro, a todas as criaturas.

Na atualidade, apenas determinados medianeiros são convocados às grandes tarefas renovadoras da Humanidade.

22
IDENTIFICAÇÃO DOS ESPÍRITOS

"Identifica o mensageiro, encarnado ou desencarnado, pela mensagem que te dê, mas, se é justo lhe afiras a cultura, é imprescindível anotes a orientação que está dentro dela."

EMMANUEL

Espíritos elevados e não elevados formam a população do Mundo Espiritual, para onde iremos após deixar, na Terra, a roupagem de carne.

*

Elevados são os que pautam sua atuação, na palavra e na exemplificação durante o contato conosco, pelos padrões da moral evangélica, que é a própria moral espírita.

Não elevados são aqueles que norteiam sua palavra e atos em desacordo com os princípios edificantes.

Emmanuel aconselha lhes afiramos a cultura, mas também a orientação contida na mensagem.

*

Identificar-se-á o Espírito pelos mesmos parâmetros com que identificamos os homens na Terra.

A regra é uma só.

Os Espíritos são as próprias criaturas humanas sem o corpo físico.

*

Homens e Espíritos elevados distinguem-se pelo bom senso.

A linguagem digna, nobre e criteriosa.

O comportamento equilibrado.

A humildade e o desejo de servir.

Esses atributos, ajustando-se à fraternidade, indicam elevação espiritual.

*

Homens e Espíritos elevados terão sempre a mensagem instrutiva para os companheiros de jornada.

Homens e Espíritos em caminho para a elevação, via de regra, comportam-se de acordo com o mal, embora seja lícito esperar deles boas atitudes. Não há ninguém, encarnado ou desencarnado, tão elevado que não possa cometer enganos, nem tão imperfeito que não possa praticar coisas certas.

*

Atitude e linguagem, pois, definem o Espírito.

O Espírito avançado em progresso evidenciará moral superior, sentido construtivo, coerência e bom senso, compreensão e bondade, simplicidade e concisão nos conceitos emitidos oralmente ou por escrito.

O Espírito retardado na caminhada formulará conceitos inaceitáveis.

Destruirá, em vez de construir.

Revelará falta de lógica e de coerência.

Será, frequentemente, intolerante, ameaçador, arrogante ou dissimuladamente humilde.

*

Pelos fluidos, será possível identificar a natureza dos Espíritos.

O bom Espírito causará bem-estar ao médium.

Dará tranquilidade e paz ao ambiente.

Proporcionará, algumas vezes, odores agradáveis.

*

O Espírito em grau de evolução muito negativo causa mal-estar, assim como inquietação no ambiente.

*

Pela apresentação perispiritual, luminosa e respeitável, conhecer-se-á os Espíritos Superiores.

A apresentação densa e a conduta irreverente indicam Espíritos inferiorizados.

Anotemos, no entanto, que Espíritos Superiores podem, por vontade própria, apresentar o perispírito densificado, a fim de realizarem missão de auxílio em regiões de sofrimento.

*

Caracteres morais e psicológicos ajudam, também, na identificação.

Certos Espíritos podem ser reconhecidos pelas ideias e sentimentos, hábitos, citação de fatos ou conformidade caligráfica.

*

Não é fácil a identificação das entidades, dado que podem elas disfarçar ou ocultar sentimentos e alterar a forma de apresentação, sob o ponto de vista anatômico.

*

O estudo e a experiência, sobretudo a pureza de propósitos nas reuniões de intercâmbio, inspiradas pelo desejo de servir, em nome do Divino Mestre, colaboram, valiosamente, no sentido de reduzirem-se as possibilidades de engano na identificação.

*

O amor cobre não apenas a "multidão de nossos pecados", mas também a nossa carência quanto ao discernimento.

23
Percepção nos animais

> *"Os irracionais não possuem faculdades mediúnicas propriamente ditas. Contudo, têm percepções psíquicas embrionárias, condizentes ao seu estado evolutivo, através das quais podem indiciar as entidades deliberadamente perturbadoras, com fins inferiores, para estabelecer a perplexidade naqueles que os acompanham, em determinadas circunstâncias."*[6]
>
> Emmanuel

"A alma dorme na pedra, sonha na planta, move-se no animal e desperta no homem."

O provérbio sugere-nos observações acerca do tema "percepção nos animais".

*

Têm alma, sim, os animais.

Naturalmente, sem os múltiplos atributos da alma humana, enriquecida com as experiências milenarmente adquiridas no curso de sucessivas reencarnações.

---
[6] Nota do autor: *O consolador*, q. 391, FEB.

A sensibilidade dos animais provém da existência de uma alma rudimentar.

Eles têm sentimentos, análogos aos dos seres humanos, têm percepções extrafísicas.

*

A exemplo de nós outros, nascem, alimentam-se, dormem, procriam, amam, agridem, morrem.

Afetividade e carinho, ternura e solidariedade são expressões muito comuns entre os nossos irmãos inferiores, sob o ponto de vista de evolução. Muita vez com tamanha intensidade que fazem inveja aos seres humanos.

Como os homens, os animais são bravos, medrosos, agressivos, amorosos.

A bibliografia, sobre o assunto, é vasta.

Allan Kardec dedica, em *O livro dos médiuns*, longo capítulo ao assunto.

Gabriel Delanne, em *Evolução anímica*, oferece riquíssimos subsídios sobre a tese.

Caírbar Schutel, em *A gênese*, enfoca, de forma encantadora, o tema.

*

É certo que os Espíritos podem tornar-se visíveis e tangíveis aos animais e, muitas vezes, o terror súbito que eles denotam, sem que lhe percebais a causa, é determinado pela visão de um ou de muitos Espíritos, mal-intencionados com relação aos indivíduos presentes, ou com relação aos donos dos animais." *O livro dos médiuns*, cap. 22.

*

Os amigos espirituais definem a mediunidade como percepção. E os animais a possuem em alto grau.

Não se dirá, contudo, com apoio doutrinário, que os Espíritos possam "dar comunicações" por intermédio dos animais.

Há de se admitir, porque insofismáveis, as suas fortes percepções, seja na vidência, audiência ou pressentimentos.

*

Manifestações de ordem sentimental, psíquica, são comuns entre os animais. Os livros acima referidos falam, com exuberância, do assunto.

Podem os representantes da ideia materialista, ou da incredulidade preconceituosa, opinar em contrário, mas os fatos, que valem muito mais do que argumentos, falam, por si mesmos, dessa realidade: os animais têm alma e revelam percepções.

Percepções que, se quisermos ser prudentes, diremos espirituais, ou mediúnicas, se quisermos ser um pouco mais corajosos.

24
Aqui e além

> *"Em qualquer consideração sobre a mediunidade, não te esquives à inspiração, campo aberto a todos nós e no qual todos podemos construir para o bem, assimilando o pensamento da esfera superior."*
>
> Emmanuel

Não é apenas quando estagia na reencarnação que o homem recebe, dos mananciais de Deus, a assistência de que necessita.

O amparo divino, generoso e compassivo, faz-se minuto a minuto em nossa existência, na Terra e fora dela.

*

Durante a vigília, enquanto trabalha e luta, aprende e sofre, no labor diuturno, o homem encarnado age custodiado pelos amigos anônimos da Espiritualidade, que lhe respeitam, contudo, o livre-arbítrio.

Segundo noticiam benfeitores espirituais, mais ou menos um terço dos emissários divinos, ligados à crosta terrestre, permanece em atividade, ajustando-nos, carinhosamente, os passos vacilantes.

*

Durante o repouso noturno, um exército de cooperadores invisíveis, despreocupados com a própria identidade, dispensa, ativa e incessantemente, assistência educativa e consoladora aos encarnados que dormem.

Liberados, parcial e provisoriamente, dos laços que prendem o Espírito à matéria densa, temos oportunidade, sob o amparo desses abnegados servidores do Cristo, de retificar pensamentos, de modificar atitudes, de aprender mais.

É a Infinita Bondade do Mestre funcionando em nosso favor.

*

Quando finalizamos, pela desencarnação, a romagem pelos caminhos terrenos, e ingressamos na vida espiritual, não cessa, não se interrompe a ajuda dos benfeitores.

Para os desencarnados em desequilíbrio, a compaixão é esclarecedora, buscando adaptá-los à nova habitação.

Passes magnéticos, reconforto e outras providências indicadas pela nossa posição mental.

Para os que ostentam o título de obreiros dedicados, escolas espirituais amparando mais e instruindo melhor, a fim de que continuem, operosos, nas tarefas de edificação.

É a palavra de Jesus que se confirma:

"Porque a todo o que tem se lhe dará, e terá em abundância".

*

Aos médiuns, em particular, pela significação e relevância das tarefas que lhes são afetas, na obra de renovação humana, os irmãos da Vida Maior oferecem perspectivas, no mundo da Verdade, compensando-lhes o devotamento e a firmeza, o sacrifício e a abnegação, as lutas e a fidelidade aos ideais cristãos.

25
Oração e trabalho

> *"Educa-te, e assimilarás a influência das forças espirituais que iluminam."*
>
> Emmanuel

O hábito da prece mantém o médium em estado de vigilância, imprescindível ao bom êxito de sua tarefa.

Através da oração, isolamo-nos das influências prejudiciais, sintonizando-nos, então, com a influência das forças espirituais que iluminam, referenciada por Emmanuel sob o ponto de vista da educação.

*

O pão é o alimento do corpo. A prece é o alimento da alma.

*

"Cada um receberá de acordo com suas obras", asseverou Jesus.

Não se pretende instituir, nem veicular, lembrando a palavra do Senhor, o utilitarismo no serviço mediúnico, nem em qualquer outra atividade doutrinária, mas a palavra é clara: colheremos segundo plantarmos.

A observação de Paulo, em sua *Primeira epístola a Timóteo* — "O trabalhador é digno do seu salário" —, confirma a resposta da Lei ao obreiro espiritual: o salário pago ao bom trabalhador é a bênção da paz na consciência tranquila.

O Apóstolo dos Gentios apoiava-se em Jesus, segundo Lucas.

*

Servindo e passando, sem pensar em recompensas, ceifaremos no tempo certo.

Aquele, no entanto, que, mal interpretando a palavra de Jesus e Paulo, trabalha na perspectiva das gratificações do mundo, pode ser um bom companheiro, mas renovará, cedo ou tarde, sua conceituação do verbo "servir".

*

Mediunidade, em termos gerais, é oportunidade para que o Espírito se reabilite de enganos do pretérito.

Poucos médiuns — muito poucos mesmo — são missionários.

A maioria, constituída de almas que faliram, estão tentando subir o monte da redenção, pelo trabalho mediúnico, sustentada na oração.

*

As Leis Divinas são sábias e justas.

Muita vez, ou quase sempre, a criatura que comparece, hoje, ao agrupamento espírita, em busca do socorro mediúnico, é a vítima de ontem que nos compete reabilitar, auxiliando-a caridosamente.

*

Oração e trabalho — alavanca que nos reerguerá das sombras do caminho terrestre para as claridades da renovação com o Cristo.

26
Mediunidade

"Se abraçaste a mediunidade, previne-te contra o orgulho como quem se acautela contra um parasito destruidor."

Emmanuel

Ante a palavra mediunidade, a nossa mente dirige-se, naturalmente, para a Doutrina que Allan Kardec, o insigne Codificador, estruturou no plano físico.

A associação é compreensível, porque, embora as manifestações mediúnicas tenham-se verificado desde os primeiros tempos da evolução planetária, foi o Espiritismo que, na segunda metade do século XIX, não só as classificou, metodicamente, mas igualmente estabeleceu diretrizes para a sua prática.

*

Sem a força disciplinadora da Doutrina dos Espíritos, sem a orientação cristã do Espiritismo, seriam os fenômenos, sem dúvida, apenas um turbilhão de energias avassalantes, desorientadas, sem rumo nem objetivo definido, sem finalidade educativa.

*

Não é nosso propósito referir-nos à mediunidade de forma restrita, limitada ao Templo Espírita, onde o intercâmbio entre o plano físico e o extrafísico se realiza, com exuberância, em nome da fraternidade, como recurso e meio para a redenção e o esclarecimento de encarnados e desencarnados.

Não desejamos reportar-nos aos trabalhos de assistência aos Espíritos sofredores, nem aos serviços do receituário, nem, ainda, aos núcleos que, do plano superior, colhem através de medianeiros ultrassensíveis mensagens edificantes.

*

Asseverou Allan Kardec que todas as criaturas são médiuns.

E na atualidade, em confirmação ao que diz o mestre lionês, Emmanuel esclarece:

> Todos os homens têm o seu grau de mediunidade, nas mais variadas posições evolutivas, e esse atributo do espírito representa, ainda, a alvorada de novas percepções para

o homem do futuro, quando, pelo avanço da mentalidade do mundo, as criaturas humanas verão alargar-se a janela acanhada dos seus cinco sentidos.[7]

*

Alarguemos o pensamento para todos os recantos do orbe.

Estendamos os olhos para o porvir.

Procuremos visualizar uma Humanidade "mais humana", mais afim com o ideal crístico, mais sintonizada com a vontade de Deus, construindo, pelo mediunismo superior, que vence as barreiras do orgulho, o "parasito destruidor" a que se refere Emmanuel, o mundo melhor que almejamos.

Sabemos que estamos cercados por "grande nuvem de testemunhas", segundo adverte Paulo de Tarso, aludindo às entidades, dos mais variados níveis evolutivos, que nos cercam.

Sabemos, também, que as entidades influem sobre os acontecimentos da vida de maneira incisiva, insofismável.

De tal maneira influem, que os mensageiros do Senhor informaram a Kardec:

"Muito mais do que imaginais".

Acrescentaram, ainda, que, muita vez, "são eles que vos dirigem".

---

[7] N.E.: *O consolador*, q. 383, FEB.

*

A humildade, em contraposição ao orgulho, é a melhor receita da Espiritualidade para aquele que deseje tornar-se, no futuro, médium das grandes realizações com Jesus.

27
Mediunidade, amanhã

"Cada médium é mobilizado na obra do bem, conforme as possibilidades de que dispõe."
Emmanuel

O Espiritismo, em sua função regenerativa da Humanidade, prepara as criaturas para o advento do mediunismo sublimado.

*

Com pouco mais de um século de existência, tem a Doutrina Espírita adaptado criaturas, aqui e alhures, para o serviço de assimilação do pensamento do Cristo, por seus enviados, seres que o mundo reverencia por sua grandeza, devotamento e apostolado.

A maioria dos medianeiros, entretanto, dada a nossa imperfeição, ainda não alcançou a faixa sublime onde operam os Mensageiros do Amor, motivo por que verificamos frequentes casos de obsessões cármicas dolorosas.

Obsessões que evidenciam o equânime funcionamento da lei de causa e efeito e comprovam que permanecemos sintonizados com esferas menos elevadas do Plano Espiritual.

*

A superação ou transposição de esferas densas, onde campeia o sofrimento e se desenrolam angustiantes simbioses psíquicas, é trabalho que o homem terreno, herdeiro de passado delituoso, realizará portas adentro do Espiritismo, sob a luz abençoada do Evangelho do Senhor — a Boa-Nova da Imortalidade.

Mobilizado para a obra do bem, cabe ao médium integrar-se a essa obra com amor e constância, utilizando suas próprias possibilidades.

*

A Doutrina Espírita, estimulando à fraternidade, ao conhecimento e à moralização do Espírito, conduzirá a Humanidade para o mediunismo em novo estágio, no amanhã do tempo, possibilitando o maravilhoso consórcio das ondas de luz do mundo espiritual redimido com as vibrações de amor dos seres em processo de verticalização do sentimento.

*

A "mediunidade torturada" de hoje, com o seu imenso cortejo de aflições, a refletirem a conturbação e o desequilíbrio, deixará de existir.

A mediunidade gloriosa, fonte dos mais elevados ideais, jorrará em catadupas, fertilizando a sementeira de fraternidade instituída pelo Mestre Galileu no cenário da Palestina.

28
MEDIUNIDADE, NO GRANDE FUTURO

> *"Mediunidade é talento divino para edificar o consolo e a instrução entre os homens."*
>
> EMMANUEL

A mediunidade do grande futuro — e estamos caminhando na direção desse futuro! — será, em sentido geral, semelhante à que já se observa, em termos parciais, na atualidade: uma torrente de bênçãos sobre a Terra para que os homens, inspirados em nosso Senhor Jesus Cristo e orientados por Allan Kardec, edifiquem, na Terra, o Reino de Deus a que tantas vezes o Mestre se referiu.

*

Impossível relacionar os deslizes, dos mais simples aos mais graves, que se cometem na paisagem do mundo sob a inspiração e comando oculto de inteligências desequilibradas.

Tudo isso passará...

*

No grande futuro da Humanidade, que o Evangelho e o Espiritismo estão construindo pacientemente, edificando-o tijolo a tijolo, graças ao beneditino esforço dos amigos espirituais e dos homens de boa vontade, pensamentos, palavras e ações hão de traduzir a mensagem dos prepostos celestes, convertendo o orbe em belo e maravilhoso cenário moral que a mente humana não tem condições de imaginar.

*

Hoje, somos médiuns dos Espíritos inferiorizados, que semeiam a discórdia e implantam o crime.

No grande futuro, seremos médiuns dos luminares do Espaço, que, das moradas de Deus, inspiram o Bem na Terra, edificando os sólidos monumentos cujos alicerces foram implantados pelo Divino Amigo.

Os monumentos do amor e da sabedoria.

*

A informação vem de Emmanuel, iluminado benfeitor de todos nós:

"A mediunidade é aquela luz que seria derramada sobre toda a carne e prometida pelo Divino Mestre aos tempos do Consolador, atualmente em curso na Terra".

29
Elo de luz

"Mas exercer a mediunidade como força ativa no ministério do bem é fruto da experiência de quantos lhe esposam a obrigação, por senda de disciplina e trabalho, consagrando-se, dia a dia, a estudar e servir com ela."

Emmanuel

O intercâmbio mediúnico desempenha relevante papel na obra de redenção humana, reformulando a sociedade e iluminando as civilizações.

Elo de luz entre a Terra e o Céu, o mediunismo superior possibilita o encontro, cada vez mais acentuado, do pensamento humano com as esferas invisíveis nobres, de onde se originam as melhores expressões evolutivas.

Sobre a Terra, abençoada oficina de renovação que nosso Senhor Jesus Cristo nos lega, por santuário de nossas esperanças, descem as vozes do Céu, revivendo, docemente, o Pentecostes.

*

Que seria de nós se Espíritos Superiores não contassem com fiéis instrumentos para a disseminação de edificantes ensinos, que, influenciando salutarmente o campo mental do homem, lhe modificam a rota, lhe alteram os rumos da vida?

Nutrimo-nos dos valores mediúnicos para crescer na direção do Supremo Bem e da Excelsa Sabedoria.

*

Entregues ao nosso próprio destino, sem a bússola do amor a guiar-nos o coração e a inteligência, cairíamos, repetidamente, nos desfiladeiros das lutas fratricidas, dos conflitos cruéis, onde cada um procuraria mostrar-se mais requintado quanto às formas de extermínio.

Mercê da mediunidade, em sua concepção mais elevada, o Céu tem canalizado para a Terra, em todos os tempos e lugares, as eternas lições do amor e da tolerância, suprindo-nos o coração com o precioso manjar da justiça e da bondade.

*

Quanto mais sombria se torne a noite dos homens, distanciados de Deus e de seus caminhos, mais acentuadamente as vozes dos Céus se fazem ouvir em toda parte, nos mais primitivos recantos e nos centros da mais aprimorada cultura.

Com a mediunidade e pela mediunidade, inunda-se a Terra de claridades do amor e fé.

Da luz e da esperança.

Da misericórdia e do perdão.

A mediunidade, ainda incompreendida, tem sido a força anônima, prodigiosa e desconhecida que tem propiciado as multiformes expressões do progresso do orbe.

*

As portas mediúnicas jamais serão fechadas.

Jesus, o compassivo amigo dos homens, permite que arautos do seu ilimitado amor atravessem essa Ponte de Luz, denominada "mediunidade", a nos evidenciar, na linguagem irreversível dos acontecimentos, que a sua mão generosa e sábia continua "no leme da Grande Embarcação".

*

Ante as claridades divinas, os homens de boa vontade lançam mão da charrua do bem, por obreiros incansáveis, e põem-se ao trabalho.

Desbravam as florestas do obscurantismo.

Arroteiam o campo dos corações.

Abrem sulcos, profundos, no "sentimento do mundo".

Podam as florestas da incompreensão.

Criam, enfim, condições para que os divinos semeadores coloquem na gleba fértil o fruto do amor e da paz, do progresso e da felicidade, com o Celeste Benfeitor.

30
Missionários

> *"Conforte-nos, pois, reconhecer que, se ainda demonstramos fé vacilante, esperança imperfeita e caridade caprichosa, temos, junto de nós, a caridade dos mensageiros do Senhor, que é sempre maior, por não esmorecer em tempo algum."*
>
> Emmanuel

A Bondade Divina acompanha a Humanidade em todos os lances de sua evolução.

O homem nunca esteve só, nunca lhe faltaram elementos de progresso, seja no plano físico, na condição de encarnado, seja no espiritual, após a desencarnação.

*

O amparo de Deus se faz mediante o conhecimento e a aplicação das Leis de Amor que regem a vida.

E pelos condutos do mediunismo com Jesus vem a Humanidade conhecendo o que deve ser feito, como deve ser feito para alcançar a perfeição.

*

O plano geral da evolução humana, sob o prisma do intercâmbio Espiritualidade-Terra, tem seu ponto de origem no mundo espiritual, onde delineiam-se, sob a égide de Jesus, programas que asseguram a felicidade das comunidades humanas.

A sua execução, no entanto, processa-se gradativamente, na paisagem terrena, onde se verificam lutas redentoras, sob a inspiração de almas missionárias, que nos amparam em dolorosas experimentações.

*

Allan Kardec, em *O Livro dos Espíritos*, enfocou o assunto com sabedoria, obtendo a resposta de que "em todos os tempos houve homens que tiveram essa missão".

A missão de revelarem aos homens as leis que conduzem ao progresso.

São os Espíritos Superiores — enfatizaram as entidades — "que encarnam com o fim de fazer progredir a Humanidade".

*

Os missionários foram médiuns e o são na atualidade.

Alguns desses, cujas vidas ficam assinaladas por ingentes sacrifícios, atuam no campo religioso, que fala mais diretamente à alma, ao coração.

Outros, na esfera da Ciência.

Outros, ainda, na órbita da Filosofia.

Por fim, muitos deles atuam em diversos setores da cultura, instilando ideias renovadoras, revestidas sempre de substância edificante.

*

Os médiuns-missionários desempenham transcendente papel na evolução da Humanidade.

As ideias de que se fazem intérpretes, no que concerne à missão do Espiritismo, chegam através desses abnegados missionários da renúncia com Jesus, que, consagrando-se ao serviço mediúnico, dignificando-a na exemplificação diuturna, transmitem para o mundo, em nome da Suprema Misericórdia, construtivos ensinamentos.

*

Não é difícil identificar o missionário da mediunidade. Conhecê-lo-emos pelas características indicadas pelos instrutores espirituais:

"Podeis reconhecê-lo pelas suas palavras e pelos seus atos."

31
MATERIALIZAÇÃO

"Ora no horto, antes da crucificação, assinalando a presença de enviados divinos."

EMMANUEL

Na Transfiguração no Tabor, relatada no Evangelho e a que se reporta Emmanuel, Jesus apresenta-se diante de seus discípulos atônitos, "com as vestes resplandecentes e sobremodo brancas, como nenhum lavandeiro na Terra as poderia alvejar".

Elias e Moisés, materializados, confabulam com o Senhor.

Eis uma das mais belas reuniões espíritas do Novo Testamento.

*

Ouçamos Emmanuel sobre o assunto:
"No Tabor, contemplamos a grande lição de que o homem deve viver a sua existência, no mundo, sabendo que pertence ao Céu, por sua sagrada origem, sendo

indispensável, desse modo, que se desmaterialize, a todos os instantes, para que se desenvolva em amor e sabedoria, na sagrada exteriorização da virtude celeste, cujos germes lhe dormitam no coração".

*

Os companheiros de Jesus participaram de legítima reunião de materialização.

Foram eles, Pedro, Tiago e João, testemunhas de autêntico fenômeno mediúnico. Elias e Moisés revestiram-se de corpos tangíveis, organizados com elementos fluídicos do ambiente e do laboratório da vida mais alta.

Nos dias de hoje, nas reuniões espíritas, as entidades se materializam com frequência.

Corporificam-se para rever, abraçar, confabular com parentes, amigos e conhecidos que permanecem no mundo terreno, trazendo-lhes, jubilosos, a consoladora certeza de que a vida continua além da desencarnação.

*

"E depois da morte" — diz Emmanuel — "volta a confabular com os amigos, fornecendo-lhes instruções quanto ao destino da Boa Nova."

Outro registro, também do querido benfeitor espiritual: "Reaparece, plenamente materializado, diante dos aprendizes, no caminho de Emaús, e, mais tarde, em

Espírito, procura Saulo de Tarso, nas vizinhanças de Damasco, para confiar-lhe elevada missão entre os homens".

*

Não nos deteremos no aspecto fenomênico da transfiguração do Mestre, que escapa aos objetivos deste livro.

Recordemos o episódio sob o prisma de nossas mais expressivas aspirações.

*

Elias e Moisés materializaram-se para que os homens de todos os séculos jamais pudessem alegar ignorância quanto ao problema da sobrevivência e comunicabilidade dos Espíritos.

Tornaram-se visíveis a fim de que nunca pudéssemos alegar que o Divino Amigo, em seu ministério de luz, omitira a possibilidade de que o Espírito, depois de liberto do corpo somático, pudesse vir até nós.

*

A Transfiguração no Tabor constitui sublime advertência à criatura humana no que diz respeito ao imperativo do aperfeiçoamento, enquanto pisamos o chão da Terra.

Representa incisivo convite para que orientemos a vida segundo os padrões do Evangelho, em função da vida futura sempre rica de surpresas.

O Tabor é um convite, permanente, para que nos libertemos das mesquinharias humanas, aquecendo-nos no Sol da Boa-Nova da Imortalidade.

*

Jesus, confabulando com Elias e Moisés, convoca a Humanidade para o esforço da sublimação, parecendo dizer:
"Humanidade!
Sofre, luta, ama, perdoa e trabalha.
Deixa que a suave luz da esperança inunde teu coração sequioso de esclarecimento e amor, alegria e paz!".

*

O simbolismo do Tabor representa a vitória do bem sobre o mal, da luz sobre a treva, no rumo da evolução.

32
Esclarecimento

> *"Se duvidas do nosso dever de auxiliar os semelhantes, através da mediunidade, observa a obra imensa do Evangelho e pensa no que seria de nós se Jesus houvesse duvidado de Deus."*
>
> Emmanuel

Companheiros nossos e algumas pessoas estranhas ao Espiritismo admiram-se de que os Espíritos sofredores não sejam esclarecidos somente no Plano Espiritual, onde — afirmam — as possibilidades são maiores.

E indagam: Por que os Espíritos não são atendidos no Espaço?

Em primeiro lugar, cabe-nos ressaltar duas coisas: a) Os Espíritos são atendidos também no Espaço; b) Realmente, as possibilidades na área espiritual são grandes.

No entanto, nem todos os Espíritos estão em condições de ser socorridos ali, em virtude da grosseira materialidade que lhes flagela o campo mental, tornando-os insensíveis à cooperação de entidades superiores.

*

O contato com a organização física do médium, na incorporação, ou psicofonia, fá-los sentir mais intensamente a cooperação doutrinária e vibracional destinada ao reajuste.

Incorporados, os Espíritos sofredores enxergam pelos olhos do médium, ouvem pelos ouvidos do médium, falam pela boca do médium.

O fluido humano, emanado do organismo do medianeiro, lhes constitui valioso instrumento de percepção.

*

Léon Denis, Emmanuel e André Luiz escrevem sobre o assunto.

O primeiro, no livro *No invisível*: espiritismo e mediunidade, escreve:

> Esses Espíritos, perturbados pela morte, acreditam ainda, muito tempo depois, pertencerem à vida terrestre. Não lhes permitindo seus fluidos grosseiros o entrarem em relação com Espíritos mais adiantados, são levados aos grupos de estudo, para serem instruídos acerca de sua nova condição.

*

Emmanuel, explicando o trabalho de esclarecimento realizado nas reuniões espíritas, acentua:

"Grande número de almas desencarnadas nas ilusões da vida física, guardadas quase que integralmente no íntimo,

ESCLARECIMENTO

conservam-se, por algum tempo, incapazes de apreender as vibrações do plano espiritual superior, sendo conduzidas por seus guias e amigos redimidos às reuniões fraternas do Espiritismo evangélico".

*

André Luiz, no livro *Nos domínios da mediunidade*, cap. 20, transmite-nos o ensino do instrutor Áulus:

"São companheiros que trazem ainda a mente em teor vibratório idêntico ao da existência na carne. Na fase em que estagiam, mais depressa se ajustam com o auxílio dos encarnados, em cuja faixa de impressões ainda respiram".

*

As palavras de Léon Denis, Emmanuel e André Luiz confirmam-se nas observações feitas em trabalhos mediúnicos. Fazem-nos compreender, com clareza, por que os Espíritos são esclarecidos no Espaço e na Terra, eliminando nossas dúvidas quanto ao "dever de auxiliar os semelhantes".

33
Influências

> *"Serve, e atrairás as forças espirituais que abençoam."*
>
> Emmanuel

São variáveis, em grau e durabilidade, as consequências de o encarnado entregar-se às sugestões dos desencarnados.

Tendo a influência do desencarnado origem no passado, portanto com raízes profundas, as consequências são mais sérias, podendo levar a um processo obsessivo cruel que, evoluindo, pode caminhar para a possessão.

A influenciação menos profunda, às vezes até de caráter transitório, apresenta efeitos mais atenuados.

*

O que determina o grau e a intensidade da obsessão são, em princípio, as causas que motivaram o perseguidor a atacar o encarnado, assim como a sua maior ou menor resistência ao assédio.

O "orai e vigiai" de Jesus é roteiro seguro para a preservação da integridade espiritual dos seres humanos, em todos os processos obsessivos, uma vez que a obsessão, atingindo-lhe com mais profundeza os escaninhos da mente, causar-lhe-á o desequilíbrio.

*

A base dos processos obsessivos está na mente.

O corpo é simples instrumento de repercussão. Nele, refletem-se os efeitos.

*

A obsessão pode ser considerada uma prova, sob o ponto de vista de teste, de experimentação.

Em casos, todavia, de resgates, parece-nos mais adequado classificá-la como expiação.

Ouçamos Kardec, o mestre, em *O evangelho segundo o espiritismo*:

"Assim, a expiação serve sempre de prova, mas nem sempre a prova é uma expiação".

*

As lições evangélicas são o ponto de referência para o nosso comportamento.

Elas aferem a qualidade de nossa vida.

Se o que nos é inspirado sub-repticiamente, ante a linha de conduta que escolhermos, contrariar o Evangelho, em seus ensinos morais, e a Doutrina Espírita, em seus fecundos ensinamentos, estaremos abrindo as portas da mente para a obsessão, dada nossa distonia com o Plano Espiritual Superior.

*

Nas atividades mediúnicas, o sofrimento dos que estagiam na erraticidade leva os núcleos assistenciais a atenderem grande número de necessitados.

Os problemas com que se debatem irmãos nossos além do campo físico refletem desacertos, equívocos morais ou contato com adversários, cúmplices ou vítimas, desencarnados ou não.

*

Só a consciência pacificada, em quaisquer continentes do Universo, assegura felicidade e paz.

A vivência mental em faixas vibratórias densas determina sofrimento e tristeza.

O oxigênio salutar dos planos de luz garante alegria e bom ânimo.

*

Influências prejudiciais podem atingir, também, mentes infantis, levando-as, algumas vezes, ao desajuste.

O Espiritismo elucida tais ocorrências com explicação lógica: a criança que temos, hoje, diante de nós, foi adulta ontem, em experiências anteriores, quando o seu Espírito, utilizando mal o livre-arbítrio, terá cometido delitos cujas consequências se manifestam, agora, com o corpo físico ainda em desenvolvimento.

*

Preces, passes e frequência às aulas sobre Evangelho são a terapêutica para fenômenos obsessivos na idade infantil.

E também reuniões mediúnicas, sem a presença da criança.

34
PENSAMENTO

> *"O pensamento é idioma universal e, compreendendo-se que o cérebro ativo é um centro de ondas em movimento constante, estamos sempre em correspondência com o objeto que nos prende a atenção."*
>
> EMMANUEL

A influência do pensamento na vida humana é indiscutível, criando reflexos negativos ou positivos, segundo o rumo que lhe dermos.

Pensamentos negativos conduzem à doença, ao desânimo.

Estabelecem sintonia com entidades menos felizes — sintonia que pode gerar obsessões angustiosas, caracterizando a "mediunidade torturada".

Pensamentos elevados proporcionam saúde e bem-estar, curam enfermidades, mesmo graves, propiciam entusiasmo e alegria.

Favorecem a ligação com entidades superiores, ligação que pode ser o prelúdio de sublimes realizações mediúnicas.

*

Não cremos existam pessoas neutras, que jamais pensem no bem ou no mal.

Ideias e reflexos exigem a participação do pensamento.

*

Não há ninguém suficientemente bom que esteja isento de ideias infelizes.

Não há ninguém tão mau que não tenha impulsos de bondade.

*

O pensamento, a nosso ver, não para.

Jamais é estático.

É sempre dinâmico.

O pensamento de Deus mantém a vida universal. Os orbes, as galáxias, todos os seres. Parasse de atuar o pensamento de Deus, morreria o Universo, na desagregação cósmica.

A paralisação do pensamento humano seria a destruição do que é indestrutível, por sua natureza intrínseca — o Espírito.

*

O mundo exterior atua sobre o campo mental humano através de pensamentos emitidos pelos seres inteligentes.

Pela multidão que passa, indiferente a nós.

Pensamento

Pelos que estão próximos de nós.
Pelos que se acham a distância.

*

Os seres desencarnados comunicam-se conosco, intercambiam conosco, pelo pensamento, transmitindo-nos o júbilo das boas-novas celestiais ou o desencanto das regiões sombrias ligadas à Terra.

*

O pensamento de outrem produz felicidade ou infelicidade em nós, quanto o nosso nos irmãos de jornada.

O pensamento gera afinidades, segundo a natureza específica.

E a mediunidade, convém não esquecer, é, em todos os graus, um processo de afinidade.

35
PETIÇÕES

> "O bom Espírito, por isso, não é somente aquele que te faz bem, mas, acima de tudo, o que te ensina a fazer bem aos outros para que sejas igualmente um Espírito bom."
>
> EMMANUEL

Em nos reportando às petições humanas, segundo o quadro de nossas necessidades, somos compelidos a considerar que a maioria de nós não sabe o que pede.

*

Este pede riqueza e mesa farta, guarda-roupa variado, carro ultramoderno.

Esquece, contudo, que facilidades inoportunas podem conduzir à desonra ou à delinquência, ao cárcere ou à morte.

*

Aquele roga saúde permanente.

Não prevê, entretanto, que o equilíbrio perfeito no campo somático pode levar o coração despreparado e a mente invigilante a excessos prejudiciais a si mesmo e a outrem.

*

Outro sonha com a solidariedade incondicional em forma de conivência e apoio a cometimentos infantis.

Desconhece, todavia, a realidade de que a tolerância inadequada pode propiciar exigências descabidas que geram a estagnação e o atraso.

*

Existem, ainda, os que almejam a evidência social e o destaque econômico, entendendo que a popularidade e o poder são fatores indispensáveis à felicidade.

Olvidam, no entanto, que a popularidade e a fortuna excessiva, no espírito imaturo, são suscetíveis de converter a existência em permanente tortura.

*

Atentemos, pois, para o que nos é lícito pedir aos benfeitores espirituais, seja no encontro mediúnico ou na prece em silêncio.

Quase sempre a pobreza e a doença, a desaprovação amiga e sincera e o anonimato social constituem abençoados e incompreendidos recursos que a Divina Providência movimenta em nosso favor.

*

É compreensível desejemos coisas agradáveis; importa, contudo, considerar que delas podem resultar desagradáveis coisas.

Antes de pedirmos algo a Deus, nosso Pai, examinemos se o objeto da rogativa será, realmente, proveitoso à nossa paz interna, ao nosso progresso.

Trazemos, de outras existências, certas provas que, bem vividas, podem ser o passo inicial para o triunfo do Bem em nós mesmos.

*

O Espiritismo, ensinando-nos a existência da alma, sua sobrevivência e comunicabilidade conosco, explica a singular química que transforma espinhos e pedras, dificuldades e sofrimentos em oportunidades de engrandecimento na vida maior.

*

Parafraseando Tobias Barreto, o genial filósofo sergipano, ao dizer, em praça pública, "com as pedras que me atiram construirei um altar", podemos asseverar, em nome da Lei de Causa e Efeito, que expressa a Divina Justiça, que as lutas que o mundo nos reserva, impondo-nos a dor e a lágrima, se serenamente suportadas, edificarão, para todos nós, no curso dos milênios, o altar de nossa iluminação, o santuário de nossa união com Jesus.

36
Como pedir

> *"Pede a todos eles para que te amparem o próprio aperfeiçoamento, porque, aprimorando a ti mesmo, perceberás que a existência na Terra é estágio na escola da evolução, em que o trabalho constante nos ensina a servir para merecer e a raciocinar para discernir."*
>
> Emmanuel

Allan Kardec, o excelso missionário, perguntara, meticuloso, em *O Livro dos Espíritos*, questão 666:

"Pode-se orar aos Espíritos?".

E as entidades benevolentes e sábias que elaboraram os fundamentos da Doutrina Espírita responderam afirmativamente, detendo-se, contudo, em considerações de importância que nos compete examinar com singeleza e critério.

*

Realmente, podemos e devemos orar aos Espíritos.

Fazê-los nossos advogados junto à Administração Divina.

Pedir-lhes ajuda.

Rogar-lhes inspiração e roteiro nas horas difíceis.

Suplicar-lhes, na prece ou nos encontros mediúnicos, serenidade quando preocupações mais sérias nos obscureçam o raciocínio.

*

Sabemos, no entanto, que não nos podem, nem devem eles dar "tudo que pedimos".

Inclusive, muita vez não têm condições para resolver nossas dificuldades, nem discernimento para nos atender.

*

Referindo-se ao poder dos Espíritos, esclareceram as entidades que ditaram a Codificação:

"O poder deles, porém, está em relação com a superioridade que tenham alcançado e dimana sempre do Senhor de todas as coisas, sem cuja permissão nada se faz".

O mesmo fenômeno ocorre no plano físico.

Podemos receber solicitações de pessoas que muito prezamos. Desejamos atendê-las, mas, nem sempre, por circunstâncias diversas, temos condições para esse atendimento, tendo que recorrer a terceiros. E mesmo recorrendo a outrem, teremos ou não o êxito almejado.

*

O atendimento depende, e muito, da natureza e fins do pedido.

Realmente, nossa rogativa, de muito agrado para nós outros, que a formulamos, não o é para os benfeitores espirituais que a recebem.

Em vez dos interesses que vislumbramos, os amigos da vida mais alta preveem as consequências pouco felizes que a nossa cegueira não percebe.

*

A prece não atendida constitui indício de que o pedido não se ajustava às reais necessidades de nosso Espírito, segundo o ponto de vista e as observações dos instrutores espirituais.

37
Médiuns

"A mediunidade é ensejo de serviço e aprimoramento, resgate e solução."

Emmanuel

Segundo Allan Kardec, há médiuns especiais.

São aqueles "dotados de aptidões particulares", em que as comunicações guardam relação com a natureza do Espírito, trazendo, invariavelmente, o cunho de sua individualidade.

*

Há médiuns que têm aptidões no sentido de transmitirem mensagens de poetas, músicos, desenhistas, médicos etc.

De acordo com o Codificador, são esses os chamados "médiuns especiais".

*

Em tudo, vige o problema da sintonia, da afinidade.

Conhecimentos adquiridos pelo Espírito do médium no passado favorecem a comunicação, considerando como base dessa sintonia que o médium é sempre um instrumento mais ou menos sensível.

Na Arte ou na Literatura.

Na Poesia ou na Pintura.

Na Medicina ou no campo do Direito.

*

Os médiuns, através dos quais realizam os Espíritos operações cirúrgicas, terão conhecido a arte operatória noutras encarnações.

*

Sensitivos ou impressionáveis são os médiuns suscetíveis de sentirem a presença dos irmãos desencarnados por uma impressão geral ou local, subjetiva ou ponderável.

A maioria desses médiuns distingue os Espíritos bons dos menos elevados.

*

Entendamos a classificação "impressionável" como símbolo ou indicação de "maior capacidade para o registro de impressões".

Essa faculdade, como as demais, também se desenvolve.

O hábito educa-a.

A natureza do Espírito é reconhecida pelo sensitivo pelas impressões que a sua presença lhe causa.

Allan Kardec, exemplificando, observa:

"[...] o cego reconhece, por um certo não sei quê, a aproximação de tal ou tal pessoa".

*

O Codificador ensina que certas pessoas registram carga maior de eletricidade e dá-lhes a denominação de "pessoas elétricas".

Sobre o assunto, o insigne missionário esclarece que não é, a rigor, mediunidade, embora, a exemplo do sonâmbulo, possam ser assistidas por Espíritos, quando, então, surge a condição de médium.

*

O Espiritismo, pelo incentivo à renovação íntima, no campo do sentimento e da moral, constitui elemento de auxílio às pessoas que apresentam essa disposição natural.

O cultivo das qualidades enobrecedoras estabelece ligação do indivíduo com entidades desencarnadas, sempre prontas a virem em socorro daqueles que se esforçam para se melhorar.

*

O conhecimento evangélico-doutrinário, afeiçoando-as a valores mais altos, ajuda as chamadas "pessoas elétricas".

38
MEDIUNIDADE NAS CRIANÇAS

> *"Os próprios pais da Terra esperam, compassivos, pelo crescimento dos filhos, a fim de entregá-los às bênçãos da Natureza, cada qual a seu tempo."*
>
> EMMANUEL

Allan Kardec desaconselha o exercício da mediunidade pelas crianças, atento aos vários inconvenientes que possam advir.

*

No exame do assunto, há que se observar o problema do desenvolvimento sob duplo sentido: físico e mental.

Há crianças bem desenvolvidas fisicamente, mas de recursos mentais e intelectuais deficientes, o que reforça a sábia orientação do eminente Codificador.

Existem crianças fisicamente pouco desenvolvidas, porém mental e intelectualmente bem dotadas.

Em ambos os casos a prudência aconselha seja evitado, junto à criança, o trabalho mediúnico.

*

Desenvolver a mediunidade, ou seja, educá-la, significa colocar-nos em relação e dependência magnética, mental e moral com entidades dos mais variados tipos evolutivos — evoluídas ou involuídas.

O frágil organismo infantil e sua inexperiência podem sofrer os efeitos de uma aproximação obsidiante.

*

A imaginação da criança é, sobremodo, excitável, o que pode ocasionar consequências perigosas sob o ponto de vista do equilíbrio, da estabilidade espiritual.

A criança é facilmente impressionável.

*

Em decorrência das próprias Leis da Natureza, vive a criança em mundo diferente, muito pessoal. Restrito às diversões infantis.

Por influência dos próprios companheiros da mesma faixa etária, pode a criança querer "brincar de mediunidade", o que não seria de todo estranhável, porque há muita gente adulta "brincando de mediunidade", tornando-se veículo da satisfação de sua curiosidade e de seus interesses pessoais.

*

Espíritos perversos ou brincalhões podem aproveitar a fragilidade e inocência infantis para exercerem assédio sobre os ainda pequeninos intermediários do mundo espiritual.

*

São negativos todos os aspectos do desenvolvimento mediúnico das crianças.

O Codificador, missionário escolhido, estava certo ao desaconselhar tal proceder.

*

Há recursos de amparo às crianças que revelam mediunidade.

Prece em seu favor e dos Espíritos que delas tentam acercar-se.

Passes ministrados por companheiros responsáveis.

Frequência às aulas espíritas de Evangelho, a fim de que possam, a pouco e pouco, ir assimilando noções doutrinárias compatibilizadas com sua idade.

*

Assim como os pais da Terra "esperam, compassivos, pelo crescimento dos filhos", esperemos, também, que o crescimento da criança enseje a oportunidade de sua integração na paisagem mediúnica.

39
MEDIUNIDADE E GENTILEZA

> *"Aprendamos, assim, a calar toda frase que malsine ou destrua, porque, conforme a Lei do Bem promulgada por Deus, toda palavra que obscureça ou enodoe é moeda falsa no tesouro do coração."*
>
> EMMANUEL

A maneira mais fácil de entendermos o mundo espiritual e as inteligências desencarnadas que o compõem e se comunicam, conosco, nas reuniões mediúnicas, é considerá-los em termos de semelhança com o mundo terreno e os homens que nele habitam.

Em contrapartida às sociedades organizadas na Terra, há no Plano Espiritual sociedades analogamente constituídas, apresentando a mesma variedade de níveis evolutivos.

Amor próprio e vaidade, inveja e ciúme, nobreza e desprendimento, altruísmo e espírito de renúncia são expressões psicológicas e morais das comunidades daqui e do Além.

*

Observa-se, muita vez, em reuniões de intercâmbio, dificuldades e inibições nos companheiros incumbidos do uso da palavra, no esclarecimento evangélico e doutrinário aos Espíritos comunicantes.

Geralmente, essas dificuldades não resultam da falta de preparo, ou de inspiração, mas porque tais companheiros insistem em considerar as entidades como seres à parte da Criação.

*

Os Espíritos são iguais, em tudo, a nós outros.

Carregam as mesmas virtudes e defeitos que assinalam a posição evolutiva dos encarnados.

Têm eles, quanto nós, sentimentos que os tornam reconhecidos ao trato gentil que lhes dispensarmos.

Assim como devemos tratamento carinhoso aos que nos visitam, nosso comportamento, ante os desencarnados que comparecem às sessões mediúnicas, deve ser o mesmo.

*

Eles são credores de nossa caridade, compreensão e gentileza, a se expressarem de várias formas.

Esclarecimento respeitoso.

Palavra atenciosa.

Orientação sincera.

Paciência sempre.

Energia e firmeza que se não transformem em dureza, mas que se impregnem de bondade e justiça.

O verbo agressivo que magoa o encarnado fere também e constrange o visitante desencarnado.

*

Refletindo no fato de que os Espíritos são almas que estagiaram no corpo físico, compreenderemos, sem dificuldade, que as entidades que se apresentam em estado doloroso, inseguras e vacilantes, são credoras de nossa afabilidade, quanto as criaturas que transitam conosco no dia a dia terreno.

*

Grupos mediúnicos devem ser o recinto amigo e fraterno onde os caminheiros do Infinito possam encontrar, em verdade, bom ânimo e paz, esclarecimento e consolo.

40
MEDIUNIDADE E TRABALHO

> *"Aperfeiçoemos a nós mesmos, cada dia, quanto seja possível, porquanto, para sermos intermediários fiéis, entre ele (Jesus) e o mundo, só existe uma solução — trabalhar."*
>
> EMMANUEL

O trabalho do médium, enquanto respirando o clima terrestre, na condição de encarnado, envolve dois aspectos essenciais — a atividade propriamente dita material e a espiritual.

*

MATERIAL — No sentido da profissão ou de encargos domésticos.

Execução de deveres, relacionados com a profissão, que lhe assegurem a manutenção honesta.

O trabalho material é fator muito importante na vida do companheiro da mediunidade, preservando-o de tentações que o levariam a insucessos de ordem espiritual, pelo menosprezo aos valores eternos que lhe foram confiados.

*

ESPIRITUAL — No sentido da ação fraterna, no âmbito de suas tarefas.

Solidariedade humana.

Ajuda desinteressada a encarnados e desencarnados.

Socorro, enfim, aos necessitados do caminho.

*

Atividade material e espiritual se completam.

Formam, em síntese, um conjunto de deveres santificantes e santificadores que serão, sempre, em sua vida, um elemento de resguardo e defesa.

De amparo.

De sustentação.

De equilíbrio.

*

O trabalho assistencial é, para o médium em particular, e em geral para todos nós, fator de garantia do amparo dos amigos espirituais.

Os bons Espíritos simpatizam, se afeiçoam e assistem os que se dedicam ao bem de outrem.

*

No trabalho material, obtém o médium o seu próprio sustento. Seu e, naturalmente, da própria família.

No trabalho espiritual, recebe o médium a nutrição de que carece para continuar a trajetória e ser feliz.

*

O fortalecimento espiritual vem do trabalho. "Eu sou o pão da vida", disse-o Jesus.

41
Mediunidade e saúde

> "E enquanto o corpo lhe permite, dá testemunho (Paulo de Tarso) da realidade espiritual, combatendo ignorância e superstição, maldade e orgulho, tentação e vaidade."
>
> Emmanuel

A saúde física é importante para o bom êxito de toda atividade.

Diz-se ter boa saúde aquele que tem em funcionamento normal todos os implementos do corpo.

*

Como o Espírito age sobre a mente, nas comunicações mediúnicas, e os reflexos dessas comunicações atingem o campo orgânico, torna-se necessário que, para uma boa manifestação do ser inteligente, esteja o corpo em boas condições.

O *"mens sana in corpore sano"* dos romanos — mente sã em corpo são — não perde sua atualidade. Nem a perderá, jamais.

*

Não se diga, convém ressalvar, da impossibilidade de o médium eventualmente em desajuste somático dar boas comunicações.

Digamos, sim, que o companheiro da mediunidade cuide da saúde, a fim de que dê mais e produza melhor. Faça mais em favor do próximo.

*

O operário enfermo, ou cansado, diminui sua capacidade de trabalho, reduz a produtividade.

O médium — operário dos serviços espirituais — também se ressentirá das desarmonias orgânicas, ressentindo-se de condições adequadas.

*

Espíritos menos evoluídos, impregnados de fluidos densos e pesados, exercem sua atuação de maneira mais agressiva sobre os médiuns doentes, ou enfraquecidos, por lhes serem menores as resistências.

*

Cuidar do corpo é medida salutar, indispensável a todos e, em particular, aos médiuns.

42
Mediunidade curadora

> *"Organizemos, assim, o socorro da oração, junto de todos os que padecem no corpo dilacerado, mas, se a cura demora, jamais nos aflijamos."*
>
> Emmanuel

O médium curador tem amplas possibilidades de servir.

Dispõe de sua própria reserva magnética.

Pode e deve aliar ao fluido pessoal o fluido generoso dos amigos espirituais.

Com os recursos da vontade firme, projeta, a distância, o fluido que alivia e cura.

Utilizando a prece, leva bem longe seus poderes curativos.

Palavra, olhar e gesto, estimulados pelo desejo de servir, conjugam-se no esforço da cura.

*

O médium curador também deve ser tranquilo.

Evitar excitações nervosas.

Cultivar a prece.

*

A força nervosa ou magnética que existe no homem é acrescida e sustentada pelos benfeitores espirituais.

Entrando em sintonia com os bons amigos, através da oração, expressando humildade e desejo de ajudar, os recursos espirituais se ampliam.

As possibilidades crescem.

Os mensageiros do amor, operando em nome de Jesus, dirigirão os fluidos para a área orgânica mais necessitada, dosando, inclusive, a quantidade.

*

O médium curador deve ter humildade para entender que os recursos de que dispõe procedem de Deus — Criador e Pai.

*

O concurso dos amigos espirituais condicionam-se, por seu turno, às determinações divinas.

O crescimento espiritual do médium está na razão direta de sua compreensão, fé em Deus e desprendimento, isso porque reconhece que "nem o que planta é alguma coisa, mas Deus dá o crescimento", segundo a palavra de Paulo de Tarso.

43
Mediunidade e conhecimento

> "É preciso reverenciar o serviço, buscar o serviço, disputar o serviço e abraçar o serviço com espírito de renúncia em favor do próximo."
>
> Emmanuel

O conhecimento evangélico-doutrinário é de real utilidade no exercício mediúnico, para que se o converta em missão de auxílio ao próximo.

*

O conhecimento das lições do Evangelho coloca amor no coração do médium.

Quem ama serve.

Quem serve ajuda.

Quem ajuda sustenta.

Quem sustenta ampara.

Quem ampara orienta.

O amor, por legenda imperecível, não pede recompensas.

Não cuida de retribuições de qualquer espécie.

*

O estudo da Doutrina Espírita dá condições para o discernimento que facilita a análise das próprias comunicações, recebidas na psicofonia, na escrita, na vidência, na audiência ou em quaisquer outras modalidades do mediunismo.
O Espiritismo esclarece, orienta e preserva.
Ampara, protege, ilumina.

*

Evangelho e Espiritismo estimulam os sentimentos de fraternidade, exortando o medianeiro a amar o próximo como a si mesmo.
O médium fraterno serve, cada vez mais, despreocupando-se de si mesmo, de seus interesses, para que haja felicidade no coração de outrem.
Evangelho e Doutrina Espírita são luz no caminho do médium.

44
Mediunidade e caridade

> *"É por isso que, em nossas atividades, precisamos todos de obrigação cumprida e atitude exata, humildade vigilante e fé operosa, com a caridade e a tolerância infatigáveis para com todos, sem desprezar a ninguém."*
>
> Emmanuel

Caridade material é representada pelo alimento, o vestuário, o remédio e outros bens que dependem do recurso financeiro.

Caridade espiritual independe dos valores terrenos: perdão, tolerância, entendimento, indulgência, preces e vibrações em favor de outrem não têm preço na moeda terrena.

*

Todavia, na caridade material há um sentido intrínseco de origem espiritual, uma vez que quem dá algo a alguém atende um impulso generoso do Espírito.

Essencialmente, portanto, sob o ponto de vista espírita, se o impulso que gerou o ato material vem do coração, é ato espiritual.

*

O trabalho mediúnico, essencialmente espiritual, é uma das mais belas fontes de caridade.

Por intermédio dele é possível auxiliar encarnados e desencarnados, amparando e orientando, modificando situações, alterando destinos.

*

A verdadeira caridade é

"aquela em que procuramos nosso irmão, seja quem seja, amigo ou inimigo, conhecido ou desconhecido".

A caridade cristã, o que vale dizer, a caridade espírita, praticada sob angulação doutrinária, não humilha quem a recebe.

Necessário, portanto, dar com humildade e brandura, discrição e amor, revestindo o ato com delicadeza fraterna.

Emmanuel, na frase de abertura deste capítulo, é muito claro, como sempre.

Na caridade mediúnica, também devemos levar em conta a Lei Áurea:

"Fazer aos outros o que gostaríamos que fizessem a nós".

Caridade legítima, na sementeira mediúnica, não espera retribuição de nenhuma espécie.

Na caridade, nas reuniões de intercâmbio, há benefícios para desencarnados e encarnados.

*

Com a prática da caridade, que parte de nosso coração, muita coisa sublime acontece em nosso favor.
Iluminamo-nos.
Identificamo-nos com a realidade.
Promovemos a fraternidade.
Conquistamos valores que a traça não consome.
Construímos preciosas amizades nos dois planos.
Adquirimos a confiança dos bons Espíritos e a gratidão dos que estagiam na retaguarda do aperfeiçoamento.
Afastamos, de nós, as más influências.
Aumentamos, enfim, nossas possibilidades de crescimento pelo trabalho.

*

Acolhendo o irmão desencarnado, em reuniões adequadas, amenizamos-lhe o sofrimento.
Despertamos-lhe o sentimento de fraternidade.
Consolamos-lhe a alma atribulada e o coração sofredor.
Restauramos-lhe esperanças que se esvaíam.
Sustentamos-lhe a fé, levantando-lhe o ânimo.
Esclarecemo-lo para o exercício do bem.

*

Segundo Paulo, na *Primeira epístola aos coríntios*, o amor, que é caridade,

"é paciente, é benigno, não arde em ciúmes, não se ufana, não se ensoberbece".

*

Em *O Livro dos Espíritos*, na questão 886, encontramos sublime conceituação das entidades:
"Benevolência para com todos, indulgência para as imperfeições dos outros, perdão das ofensas".
Allan Kardec, o grande Apóstolo de Jesus, esclarece, a respeito da caridade:
"[...] não se restringe à esmola, abrange todas as relações em que nos achamos com os nossos semelhantes, sejam eles nossos inferiores, nossos iguais ou nossos superiores".
Assim é a caridade, segundo o prisma do Espiritismo.
E Kardec estabeleceu a legenda sublime:

"Fora da caridade não há salvação".

Que melhor e mais importante campo, para praticá-la, do que o mediúnico?

45
A MÉDIUM DO CÉU

> *"O mesmo Gabriel, na condição de embaixador celestial, visita Maria de Nazaré e saúda-lhe o coração lirial, notificando-lhe a maternidade sublime.*
> *Nasce, então, Jesus sob luzes e vozes dos Espíritos Superiores."*
>
> EMMANUEL

Antes que o Cristo surgisse, tangivelmente, na face planetária, a sua presença gloriosa era anunciada aos homens através da mediunidade sublimada de Maria, a Santíssima.

Vendo, ouvindo e dialogando com o nobre Espírito de Gabriel, que dela se acercara, revelou-se a esposa de José, o carpinteiro, um dos primeiros médiuns do Cristianismo nascente.

*

Vidente e audiente, percebeu a chegada do Celeste Emissário e ouviu-lhe a maravilhosa notícia.

"Salve, agraciada, o Senhor é contigo."

Foram as primeiras palavras captadas pela mediunidade da Rosa Mística de Nazaré.

Maria, com o recato e a simplicidade das almas angelicais, indicativos de sua missão, recebeu as primeiras manifestações da Espiritualidade transcendente e "perturbou-se muito e pôs-se a pensar no que significaria aquela saudação".

*

A perturbação de Maria foi momentânea.

Espírito elevadíssimo, soube recompor-se imediatamente, à maneira do medianeiro consciente da própria pequenez e da excelsitude divina, e profere, contrita, submissa a Deus, inigualáveis palavras.

Das mais belas palavras da literatura mundial.

*

Curva-se, cheia de unção e humildade, ante o Emissário divino, e de seus lábios imáculos, cândidos, fluem suaves e dulcíssimas palavras.

"Aqui está a serva do Senhor; que se cumpra em mim conforme a tua palavra."

*

Maravilhoso contrato efetivou-se, naquele instante sublime, sob a égide e assistência de celestes potestades.

As portas de luz do amoroso coração de Maria abriam-se, de par em par, a fim de que por elas transitasse, vindo de resplandescentes esferas, o Verbo, que "se fez carne e habitou entre nós".

A Luz do Céu descera às sombras do mundo, para anunciar e vivenciar a mais alta expressão de AMOR.

Nascera Jesus.

Oração pelos médiuns

Rogamos-te, Divino Amigo, no final deste trabalho, bênçãos de amor e luz, paz e felicidade, para os companheiros que se fazem instrumento dos Espíritos.

Faze com que todos eles, conscientizados da importância da obra medianímica, que lhes entregaste, por acréscimo de bondade, vejam em ti, Senhor, o espelho em que devem refletir-se seus pensamentos, atos e palavras como servidores de tua causa.

Ajuda-os, Jesus, no sentido de que considerem teu coração, compassivo e misericordioso, por manancial de onde fluem as bênçãos do teu e nosso Pai.

Orienta-os, Benfeitor de Todos os Tempos, para que façam do mediunismo, onde estiverem e com quem estiverem, um exemplo constante de amor ao próximo.

Sustenta-os, Senhor da Compaixão, nos momentos incertos, quando, incompreendidos e caluniados, sentirem o desfalecimento das energias, não permitindo que o fantasma da dúvida e do medo lhes invada os redutos do coração.

Ampara-os, nesses momentos, para que não abandonem a trincheira das experimentações, acerbas mas necessárias, de maneira que, sob a tua proteção, possam alcançar, no grande porvir, a coroa do triunfo, na missão cumprida.

Dilata, Mestre, o entendimento dos companheiros abnegados que as sombras do mundo, conturbado e aflito, muita vez envolvem, sutilmente, deixando-os ansiosos e atônitos, na ilusão de que estão sozinhos na grande batalha do aperfeiçoamento.

Faze-os compreender, Celeste Amigo, que nunca te ausentaste do coração do mundo, especialmente das almas que lutam, sofrem e realizam, em teu nome, o melhor em favor dos pequeninos da estrada, os preferidos do teu carinho.

Transforma, Senhor, as lágrimas que muitos de teus servidores vertem na gleba da mediunidade em pérolas de luz com que possam tecer, no altar da vida maior, o colar diadema da vitória do teu Reino de Amor Infinito.

Ampara-os, Jesus, clarificando-lhes o entendimento, para que melhor entendam os teus desígnios.

Conforta-lhes os corações, a fim de que, plenificados em teu amor e da tua presença augusta, possam dizer, agora e sempre:

"Senhor! Aqui estamos para te servir. Que se cumpra, em nós, segundo a tua vontade!".

Assim seja.

MEDIUNIDADE E EVOLUÇÃO				
EDIÇÃO	IMPRESSÃO	ANO	TIRAGEM	FORMATO
1	1	1980	10.200	13x18
2	1	1981	10.200	13x18
3	1	1982	10.200	13x18
4	1	1985	10.200	13x18
5	1	1987	20.000	13x18
6	1	1992	9.000	13x18
7	1	1995	5.000	13x18
8	1	2000	3.000	12,5x17,5
9	1	2007	1.000	12,5x17,5
9	2	2008	2.000	12,5x17,5
10	1	2009	3.000	14x21
10	2	2010	2.000	14x21
10	3	2013	1.000	14x21
10	4	2014	1.000	14x21
10	5	2014	3.000	14x21
10	6	2019	200	14x21
10	7	2020	200	14x21
10	POD*	2021	POD	14x21
10	IPT**	2023	250	14x21
10	IPT	2024	200	14x21
10	IPT	2025	250	14x21

*Impressão por demanda
**Impressão pequenas tiragens

O EVANGELHO NO LAR

Quando o ensinamento do Mestre vibra entre quatro paredes de um templo doméstico, os pequeninos sacrifícios tecem a felicidade comum.*

Quando entendemos a importância do estudo do Evangelho de Jesus, como diretriz ao aprimoramento moral, compreendemos que o primeiro local para esse estudo e vivência de seus ensinos é o próprio lar.

É no reduto doméstico, assim como fazia Jesus, no lar que o acolhia, a casa de Pedro, que as primeiras lições do Evangelho devem ser lidas, sentidas e vivenciadas.

O espírita compreende que sua missão no mundo principia no reduto doméstico, em sua casa, por meio do estudo do Evangelho de Jesus no Lar.

Então, como fazer?

Converse com todos que residem com você sobre a importância desse estudo, para que, em família, possam compreender melhor os ensinamentos cristãos, a partir de um momento de união fraterna, que se desenvolverá de maneira harmônica e respeitosa. Explique que as reflexões conjuntas acerca do Evangelho permitirão manter o ambiente da casa espiritualmente saneado, por meio de sentimentos e pensamentos elevados, favorecendo a presença e a influência de Mensageiros do Bem; explique, também, que esse momento facilitará, em sua residência, a recepção do amparo espiritual, já que auxilia na manutenção de elevado padrão vibratório no ambiente e em cada um que ali vive.

Convide sua família, quem mora com você, para participar. Se mora sozinho, defina para você esse momento precioso de estudo e reflexões. Lembre-se de que, espiritualmente, sempre estamos acompanhados.

Escolha, na semana, um dia e horário em que todos possam estar presentes.

O tempo médio para a realização do Evangelho no Lar costuma ser de trinta minutos.

As crianças são bem-vindas e, se houver visitantes em casa, eles também podem ser convidados a participar. Se não forem espíritas, apenas explique a eles a finalidade e importância daquele momento.

O seguinte roteiro pode ser utilizado como sugestão:

Preparação: leitura de mensagem breve, sem comentários;

Início: prece simples e espontânea;

Leitura: *O evangelho segundo o espiritismo* (um ou dois itens, por estudo, desde o prefácio);

Comentários: breves, com a participação dos presentes, evidenciando o ensino moral aplicado às situações do dia a dia;

Vibrações: pela fraternidade, paz e pelo equilíbrio entre os povos; pelos governantes; pela vivência do Evangelho de Jesus em todos os lares; pelo próprio lar...

Pedidos: por amigos, parentes, pessoas que estão necessitando de ajuda...

Encerramento: prece simples, sincera, agradecendo a Deus, a Jesus, aos amigos espirituais.

As seguintes obras podem ser utilizadas nesse momento tão especial:

O evangelho segundo o espiritismo, como obra básica;

Caminho, verdade e vida; Pão nosso; Vinha de luz; Fonte viva; Agenda cristã.

Esse momento no lar não se trata de reunião mediúnica e, portanto, qualquer ideia advinda pela via da intuição deve permanecer como comentário geral, a ser dito de maneira simples, no momento oportuno.

No estudo do Evangelho de Jesus no Lar, a fé e a perseverança são diretrizes ao aprimoramento moral de todos os envolvidos.

O LIVRO ESPÍRITA

Cada livro edificante é porta libertadora.

O livro espírita, entretanto, emancipa a alma nos fundamentos da vida.

O livro científico livra da incultura; o livro espírita livra da crueldade, para que os louros intelectuais não se desregrem na delinquência.

O livro filosófico livra do preconceito; o livro espírita livra da divagação delirante, a fim de que a elucidação não se converta em palavras inúteis.

O livro piedoso livra do desespero; o livro espírita livra da superstição, para que a fé não se abastarde em fanatismo.

O livro jurídico livra da injustiça; o livro espírita livra da parcialidade, a fim de que o direito não se faça instrumento da opressão.

O livro técnico livra da insipiência; o livro espírita livra da vaidade, para que a especialização não seja manejada em prejuízo dos outros.

O livro de agricultura livra do primitivismo; o livro espírita livra da ambição desvairada, a fim de que o trabalho da gleba não se envileça.

O livro de regras sociais livra da rudeza de trato; o livro espírita livra da irresponsabilidade que, muitas vezes, transfigura o lar em atormentado reduto de sofrimento.

O livro de consolo livra da aflição; o livro espírita livra do êxtase inerte, para que o reconforto não se acomode em preguiça.

O livro de informações livra do atraso; o livro espírita livra do tempo perdido, a fim de que a hora vazia não nos arraste à queda em dívidas escabrosas.

Amparemos o livro respeitável, que é luz de hoje; no entanto, auxiliemos e divulguemos, quanto nos seja possível, o livro espírita, que é luz de hoje, amanhã e sempre.

O livro nobre livra da ignorância, mas o livro espírita livra da ignorância e livra do mal.

Emmanuel

LITERATURA ESPÍRITA

EM QUALQUER PARTE DO MUNDO, é comum encontrar pessoas que se interessem por assuntos como imortalidade, comunicação com Espíritos, vida após a morte e reencarnação. A crescente popularidade desses temas pode ser avaliada com o sucesso de vários filmes, seriados, novelas e peças teatrais que incluem em seus roteiros conceitos ligados à Espiritualidade e à alma.

Cada vez mais, a imprensa evidencia a literatura espírita, cujas obras impressionam até mesmo grandes veículos de comunicação devido ao seu grande número de vendas. O principal motivo pela busca dos filmes e livros do gênero é simples: o Espiritismo consegue responder, de forma clara, perguntas que pairam sobre a Humanidade desde o princípio dos tempos. Quem somos nós? De onde viemos? Para onde vamos?

A literatura espírita apresenta argumentos fundamentados na razão, que acabam atraindo leitores de todas as idades. Os textos são trabalhados com afinco, apresentam boas histórias e informações coerentes, pois se baseiam em fatos reais.

Os ensinamentos espíritas trazem a mensagem consoladora de que existe vida após a morte, e essa é uma das melhores notícias que podemos receber quando temos entes queridos que já não habitam mais a Terra. As conquistas e os aprendizados adquiridos em vida sempre farão parte do nosso futuro e prosseguirão de forma ininterrupta por toda a jornada pessoal de cada um.

Divulgar o Espiritismo por meio da literatura é a principal missão da FEB, que, há mais de cem anos, seleciona conteúdos doutrinários de qualidade para espalhar a palavra e o ideal do Cristo por todo o mundo, rumo ao caminho da felicidade e plenitude.

FEB editora
Livro espírita para um novo mundo
www.febeditora.com.br
@febeditoraoficial
@febeditora

Conselho Editorial:
Carlos Roberto Campetti
Cirne Ferreira de Araújo
Evandro Noleto Bezerra
Geraldo Campetti Sobrinho – Coord. Editorial
Jorge Godinho Barreto Nery – Presidente
Maria de Lourdes Pereira de Oliveira
Miriam Lúcia Herrera Masotti Dusi

Produção Editorial:
Elizabete de Jesus Moreira

Capa:
Fátima Agra

Projeto Gráfico:
Redb Style

Diagramação:
Caroline Vasquez

Normalização Técnica:
Biblioteca de Obras Raras e Documentos Patrimoniais do Livro

Esta edição foi impressa no sistema de Impressão pequenas tiragens, em formato fechado de 140x210 mm e com mancha de 100x170 mm. Os papéis utilizados foram o Off white 80 g/m² para o miolo e o Cartão 250 g/m² para a capa. O texto principal foi composto em fonte Minion Pro 12/17,3 e os títulos em Charlemagne Std 19/23. Impresso no Brasil. *Presita en Brazilo.*